To Ara

Dani Sánchez

2013.9.5

BAYFUN PASDEMIR
TURKEY

To Ara,
Therese
Klompenhouwer
05.09.2013

NGÔ ĐÌNH NẠI

TO ARA
VERY GOOD JOB!

To ARA
Best regards
[signature]
FREDERIC CAUDRON

[signature] Matteo Zanetti

TO ARA
[signature]

TO ARA
[signature]
2013.09.05

Sasaki   2013.09.05

To→あら

아라의 당구홀릭 3

아라의 당구홀릭 3

© 아라 & 폴, 2015

1판 1쇄 발행 _ 2015년 03월 30일
1판 4쇄 발행 _ 2022년 05월 10일

지은이 _ 아라 & 폴
펴낸이 _ 홍정표

펴낸곳 _ 글로벌콘텐츠
등록 _ 제25100-2008-000024호

공급처 _ (주)글로벌콘텐츠출판그룹
대표_홍정표 이사_김미미 편집_하선연 권군오 이정선 문방희 기획·마케팅_김수경 이종훈 홍민지
주소 _ 서울특별시 강동구 풍성로 87-6 전화 _ 02-488-3280 팩스 _ 02-488-3281
홈페이지 _ www.gcbook.co.kr

값 14,000원
ISBN 979-11-85650-86-9 13690

·이 책은 본사와 저자의 허락 없이는 내용의 일부 또는 전체를 무단 전재나 복제, 광전자 매체 수록 등을 금합니다.
·잘못된 책은 구입처에서 바꾸어 드립니다.

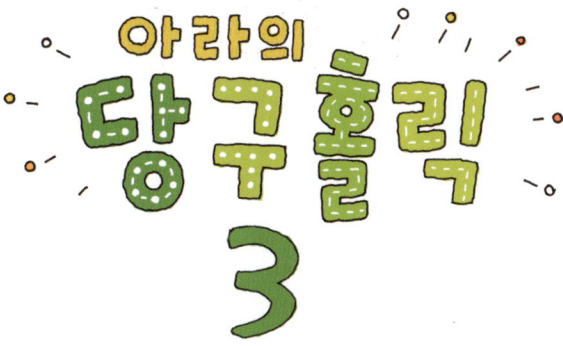

쿠션을 활용하자!!

아라 & 폴 지음

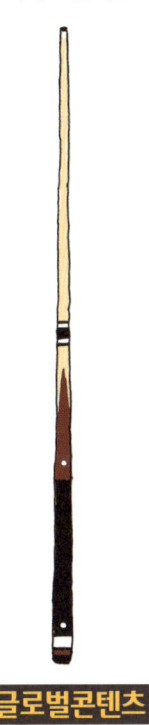

글로벌콘텐츠

추천의 글

"미치려면 미쳐라"는 말이 있다.

우리말 '미치다'는 두 가지 의미가 있는데 그 하나는 '어느 경지에 이르다(이를 도 到)'와 또 다른 하나는 '정신이 미쳤다(미칠 광 狂)'가 있다.

요즘 "당신(撞神) = 당구의 神(신)"이라는 말이 유행이다. 당신이 "당신(撞神)"의 경지에 이르려거든 당구에 미쳐라. 물론 이 책을 손에 든 당신은 이미 어느 정도는 "당신(撞神)"의 경지를 향하여 첫 발을 내디딘 셈이고 당구에는 이미 어느 정도 미쳐 있는 사람일 것이다.

나는 다른 사람들보다 비교적 늦은 대학교 3학년 여름방학 때(20대 후반) 4구 100점짜리 친구에게 처음으로 당구를 배우기 시작했다. 얼마나 열심히 쳤는지 여름방학 끝 무렵에는 그 친구와 100점을 맞놓고 치는 실력이 되었다. 지금 생각해도 그 당시 나에게 당구는 첫사랑과의 첫경험(?)보다 더 짜릿하고 재미가 있었던 것 같다. 아마 이 부분은 공감하는 분들도 많으리라. 그런데 이렇게 대충 친구한테 배우기 시작한 당구 습관은 훗날 교정하는 데 얼마나 힘든 일인 줄 당시에는 알 수가 없었다.

지금의 기성세대들 대부분은 친구나 선배 등에게 당구를 처음 배운다. 그래서 당구의 기본 자세, 원리, 매너 등을 모르거나 잘못된 습관으로 이미 굳어져 있다. 나 역시 잘못된 것들을 다시 고치기 위해 생활체육협회 당구아카데미에 가서 교육 받고, 생활체육지도자 3급 당구 자격증을 취득하고, 프로 선수들에게 레슨 받고, 좋은 책을 사 보기도 하는 등 엄청난 노력을 해야만

했다. 그럼에도 불구하고 초기에 잘못 길들여진 악습은 아직도 나를 붙들고 얽매고 있다. 오늘도 내일도 노력할 뿐 정말 어렵다. 결론적으로 당구를 시작하는 모든 초보자에게는 반드시 좋은 스승에게서 전문 레슨을 받거나 좋은 책을 사서 보고 기초부터 충실히 배워 나가기를 권하는 바이다.

이러한 내게 가장 많은 도움을 준 책은 바로 요즘 나의 "당구의 경전 = 당전(撞典)"이 된 『아라의 당구홀릭』이다. 2013년 1권과 2014년 2권은 이미 내게 훌륭한 "당전(撞典)"으로서 손색이 없다. 당구를 안 친 지 20년 만인 5년 전 상봉동 구슬모아 당구클럽에서 3구 핸디 14점으로 다시 당구를 시작했다. 기초부터 다시 시작한 지 5년 만에 나는 현재 핸디 22점이 되었고 클럽 동호인 대회에서 준우승이라는 작은 영광도 차지했다. 그리고 금년 2015년에 나의 "당전(撞典)" 3권이 될 『아라의 당구홀릭』 3권이 출판되었다. 1권과 2권을 통하여 익히 그 내용과 특성을 잘 알고 있는 독자라면 굳이 설명을 할 필요가 없으리라 생각된다.

초보자에게는 기본원리를 중급자에게는 심도 있는 테크닉을 고급자에게도 또 다른 깨달음을 주리라고 확신하는 바이다. 당구에 해박한 이론과 지식을 겸비한 만화가 폴드랑과 따님 만화가 아라, 두 부녀 작가의 역량을 믿기에 3권에 대한 기대 또한 크다.

2015년 1월 어느 비오는 월요일 구리 사무실에서

이영기

닉네임: 신의손
동국대학교 윤리문화학과 졸업
윤리과목 2급 정교사
경기대학교 역학전문가 과정 수료
방송통신대학교 경영학과 수료
한국성명학회 경기지회장 역임
1991년 명문당 창립
2000년 3월 귀화 골키퍼 사리체프 한국명 신의손 작명
동국대학교 윤리문화학과 총동문회장
동국대학교 총동창회 이사
신의손작명원 원장

2009년 생활체육지도자 2급 당구 자격증 취득
구슬모아 당구클럽 동호인대회 준우승
핸디: 22점

어느 날 오후에 만화가 폴드랑 님의 전화가 왔다.

폴드랑   신의손 님께서 『아라의 당구홀릭』 3권 추천서를 좀 써 주셨으면 합니다.
신의손   네? 나처럼 평범한 하수 동호인에게 그 귀한 책 추천서라니요?
폴드랑   지난 번 구슬모아 당구클럽 동호인 대회 준우승자시잖아요?
           그리고 사무실에서 '스트록연습기' 만들어서 연습하실 때 『아라의 당구홀릭』 1권 2권
           보시면서 연습하시던데 그걸로 자격 충분합니다.
신의손   네, 맞아요. 사실 그 책 효과 덕분에 잘못된 당구습관도 거의 다 잡히고 실력도 많이
           늘었다고 생각합니다. 정말 고맙게 생각하고 있어요.
폴드랑   그래서 이렇게 부탁하는 겁니다. 부디 신의손 님의 그 진솔한 경험담으로 이번에
           나오는 『아라의 당구홀릭』 3권 좀 추천해 주세요.

언제인가 구슬모아 당구클럽 휴게실에서 대화가 있었다.

회원 A1 신의손 님이 요즘 갑자기 실력이 많이 느신 것 같아요.
회원 A2 맞아. 요즘 새로 나온 책 『아라의 당구홀릭』 보시면서 많이 달라지신 거 같아.
회원 A1 그래요? 그 책이 그렇게 좋아요?
회원 A2 그래. 만화로 설명이 되어 있어서 초보자도 좋고 중급자도 배울 게 많다고 하시더라구.
회원 A1 그렇군요. 그럼 나도 그 책 좀 사 봐야겠는데요?
회원 A2 그래. 사서 보고 나 좀 빌려주라. ㅎㅎ
회원 A1 이런 책은 사서 보고 또 봐야 실력이 늘지요.
         한 10년 기다리시든가...ㅎㅎ

차례

올바른 초크 사용법!! ····· 11

뱅킹(banking)과 스팟(spot) ····· 35

쿠션(cushion) ····· 57

미스터리 서클 ····· 75

입사각과 반사각 ····· 111

무회전 당점의
　　기본 반사각 익히기 ····· 133

반사각에 숨겨진 비밀 ····· 169

1쿠션 치기 ····· 193

큐볼의 분리각 45° 찾기!! ····· 213

입사각 24°의 비밀 ····· 239

비껴치기 ····· 253

올바른 초크 사용법!!

19세기 초, 큐팁을 발명한 '밍고(M.Mingaud)'에 의해 당구는 비로소 현대적 모습을 갖추기 시작했다.

팁(tip)
큐의 끝부분에 붙어 있는 작은 가죽소재, 임펙트 순간의 반발력을 줄여준다.

하지만 여전히 큐볼의 정중앙만을 쳐야 했으며 큐볼의 각도를 변화시킨다는 것은 상상조차 할 수 없었다.
큐팁의 등장에도 '미스 큐(miscue)' 만큼은 어쩔 수 없었기 때문이었다.

이 문제를 해결한 이는 영국의 한 작은 당구클럽을 운영하던 '존 카(John Carr)'였다.
분필가루를 팁에 바르면 '미스큐(miscue)'를 내지 않고도 얼마든지 회전을 줄 수 있다는 사실을 발견했던 것이다.

이후 '존 카(John Carr)'는 매직 파우더라는 상품을 개발하여 돈방석에 앉는다.

26. 올바은 초크 사용법!!

사실 '존 카(John Carr)'의 매직 파우더는 거창한 이름과는 달리 단순한 분필가루였을 뿐이었지만 그의 번뜩이는 아이디어가 놀랍고도 경이로운 당구의 세계를 펼쳐보이게 만든 결정적 계기가 된 것만은 분명하다.

큐팁에 초크를 바르는 순간 테이블 위에서는 마법은 시작된다.
하지만 초크를 제대로 바르지 않는다면 어느 마술사의 숟가락 구부리기보다 쓸모없게 되는데...

클럽에서 사용하는 초크를 살펴보면
대부분 이런 모양을 하고 있다.

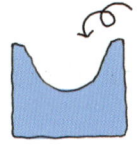

탐험 불가한
미지의 협곡

초크 단면도

초크 사용방법이 잘못되어 만들어지는 전형적인 모양이다.
만약 당신이 사용한 초크가 이런 모양을 하고 있다면 지금
당장 초크 사용방법을 바꿔야 한다.

왜냐하면 당신이 사용할 수 있는 10가지 마법 중
누가지는 절대 사용할 수 없기 때문이다.

한심하군, 요미~

바벨 2세

26. 올바은 초크 사용법!!

 초크 가루 입자의 모양

초크 가루의 입자 하나 하나는 길고 날카로운 모양을 하고 있다.

초크를 올바르게 바르면 마치 밤껍질의 가시처럼 큐팁에 달라붙는다. 초크를 큐팁에 살짝 문지르는 순간 정전기가 발생하여 초크 가루 입자들이 똑바로 서며 큐팁의 미세한 홈으로 파고드는 것이다.

당구공 표면은 완전 매끈하다.
눈을 뒤집고 봐도 틈새하나 찾을 수 없다는 거지.

때문에 날카롭고 기다란 초크 가루 입자들이 당구공의 미세한 틈사이로 파고들며 큐팁이 미끄러지지 않도록 결속력을 만들 수 있는 것이지.

우리들 눈으로는 결코 볼 수 없는 당구의 미시세계에서는 1/1000초 동안 이렇게나 굉장한 사건들이 벌어진다.

그런데 동굴을 파듯 마구 비비면서 바르면 어떻게 될까?

후비적~
후비적~

한 손으로 큐와 초크를 잡고
비비듯 바르는 거 아주 나쁨.

왜냐하면 힘들게 자리 잡은 초크 가루
입자를 몽땅 부러뜨리게 된다는!!

아이고~
내 허리몽댕이!!

따갑지 않아
좋기는 한대 왠지...

어디 그뿐??
초크 가루 입자들이 큐팁 위에 벌러덩~
들어 누워 버린다는 거지.

이쯤에서 멈추면 그나마 다행이지만 계속해서 초크를 비벼대면
초크 가루 입자들은 점점 더 두껍게 층을 만들게 된다.
몽땅 잘게 부서져 들어 누운 상태로...

잘게 부서진 초크 가루 입자들은 큐팁과의 결속력이 거의 없다.
겨우 몇 가닥의 입자들만으로 힘겹게 달라붙어 있을 뿐이다.

이는 마치 큐팁 위에 얼음 조각을 올려놓은 것과 같아서
임팩트 순간 결속력은 커녕 오히려 큐팁을 미끄러지게 만든다.

당구를 어느 정도 쳐 보신 분들은 경험으로 이를 잘 알고 있기 때문에
두껍게 발라졌다고 생각되면 테이블 모서리에 큐를 탁탁 두드려
초크 가루를 털어내게 되는데...

초크를 살짝살짝 적당히 발랐을 때보다 오히려 형편없이 적게
달라붙어 있다는 불편한 진실!!

> 요 부분에서 살짝 당구 에티켓 하나!!

초크 가루를 털어내기 위해 테이블에 큐를 두드리는 행위는
당구 에티켓으로 좋지 않다.
주위 사람에게 실례가 되며 큐대에도
나쁜 영향을 끼친다.

이럴 때는 손바닥을 사용하여
    털어내는 것이 좋은 에티켓!!

초크 칠하기가 큐팁에 주는 영향!!

초크를 마구 빙글빙글 돌리면서 바르면 필요 이상으로 초크가 금방 닳아 버린다.
모양도 점점 더 거대한 협곡을 만들게 되어 더 이상 사용할 수 없게 된다.
그런데 이보다 더 큰 문제는 큐팁에 있다.
초크와의 강한 마찰 때문에 큐팁의 가장자리가 닳게 된다는 것.

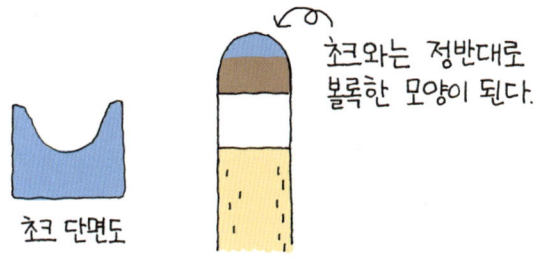

초크 단면도

초크와는 정반대로 볼록한 모양이 된다.

고점자가 사용하는 큐의 큐팁 모양을 보면 끝이
완전 날카롭게 다듬어져 있다.

각이 잡혀있다고나 할까~

큐볼과의 접점부분을 보다 더 정확히 만들어
자신이 원하는 만큼의 회전량을 얻기 위함이다.

위의 두 가지 큐팁으로 똑같은 당점을 쳤을 때를 비교해 보자.

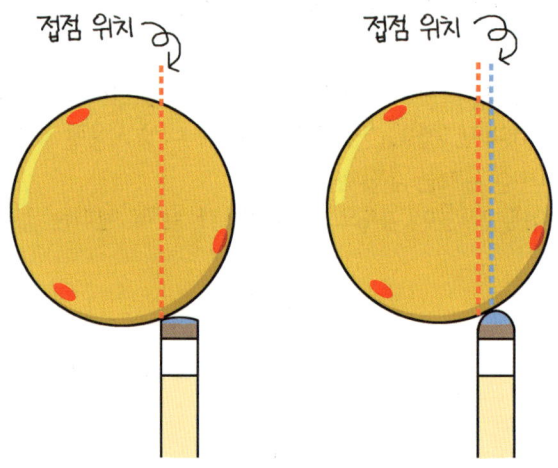

한쪽 눈 감고 봐도 접점 위치가 전혀 다름을 알 수 있다.
때문에 회전량 역시 완전히 달라진다는 사실.

당구는 말할 수 없이 섬세한 스포츠이다.
예상했던 것보다 회전량이 조금 더 많거나 작아도
종이 한 장 차이로 득점에 실패하는 것이 당구이다.
아무리 멋진 마법을 준비했어도 잘못된 초크 칠하기 습관이
모든 걸 망쳐 버리게 된다는 사실을 꼭 기억하자.

올바른 초크 사용법

큐팁의 재질은 가죽이다. 당근 표면도 울퉁불퉁~
초크를 살짝만 문질러도 완전 잘 발라진다.

하지만 샷이 반복될수록 큐볼과의 강한 마찰에 의해
큐팁 표면이 점점 납작해진다.
초크 가루가 달라붙을 틈이 없어지는 것이다.

때문에 초크를 바르기 위해서는
먼저 팁에 작은 홈들을 만들어
줘야 한다.

홈을 만들 때
사용하는 줄판

미세한 돌기들이 나있어 몇 번만
문질러 주면 아주 잘 발라진다.
(개인용품이므로 따로 준비해서 사용해야 한다.)

아쉽게도 대부분의 클럽에는 줄판이 준비되어 있지 않다.

아쉬운 대로 클럽에 비치되어있는 줄을 이용해 보자.

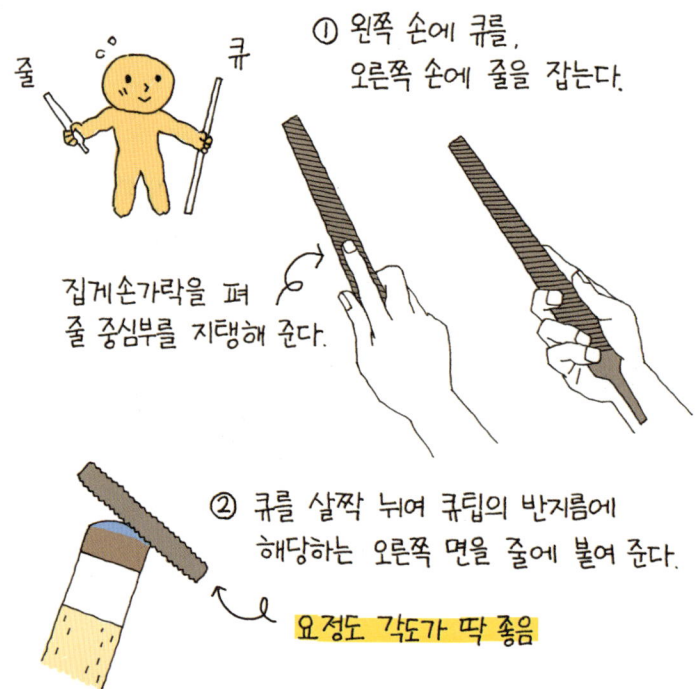

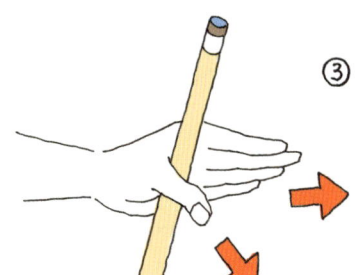

③ 큐를 잡은 왼손의 손가락을 그림과 같이 모두 펴 준다.

④ 줄을 쥔 오른쪽 손에 가볍게 힘을 줘 화살표 방향으로 밀어 주고, 동시에 왼쪽 손은 자신의 앞쪽으로 당겨 준다.

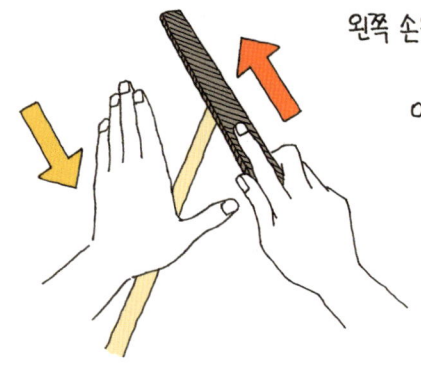

이렇게 하면 큐가 손바닥에서 구르게 되어 큐팁 전체에 고르게 홈을 만들 수 있다.

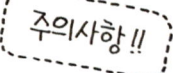

⑤ 큐팁의 중앙부분을 가볍게 몇 번 두드려 마무리한다.

절대 세개 두드리면 안 된다. 자칫 큐팁의 가장자리를 깨트릴 수 있다.

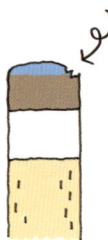

26. 올바은 초크 사용법!!

초크를 바를 때는 테이블에서 조금 떨어진 상태에서 발라야 한다.

테이블에서 살짝 비켜나서 바른다.

당구경기의 특성상 플레이어는 초크를 바르면서 득점진로까지 살피게 되는데 이때 득점진로 찾기에 몰입하다보면 자신도 모르게 테이블에 가까이 다가가게 된다.

이 상태에서 초크를 칠하게 되면 초크 가루가 테이블에 와르륵 떨어지게 되어..

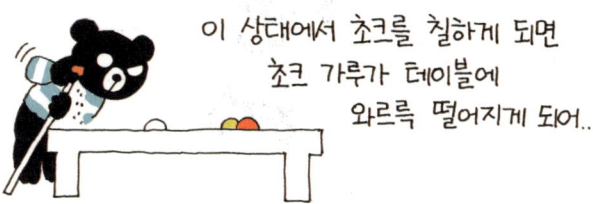

심할 경우 초 덩어리까지 떨어져
치명적 멘붕상태까지 일으키게 만들지.

땅을 치고 통곡해 본들 무슨 소용이 있으리.

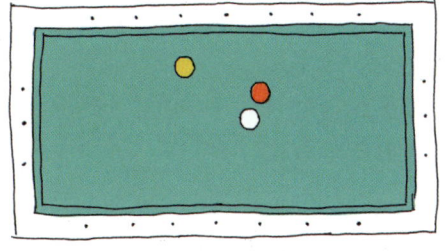

① 왼쪽 손에는 큐를, 오른쪽 손에는 초크를 잡는다.

왼쪽 손으로 상대 끝부분을
가볍게 잡아 준다.

초크는 세 손가락을 사용하여
그림과 같이 잡는다.

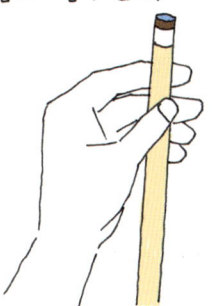

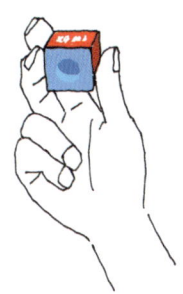

26. 올바은 초크 사용법!!

{ 이 타이밍에서 등장하는 절대 주의사항!! }

초크 한가운데에는 동그랗게 홈이 파여 있다.

초크를 제대로 바르려면 큐팁을 이곳에 끼워야합니다. 라는 경고문 같다.

그리고 대부분의 초심자들은 이 정체모를 경고문에 홀딱 넘어가게 되지.

철컥!!

이러니 홈에 큐팁을 끼우고 돌리는 건 어쩌면 너무나 당연한 것일지도 모르겠다. 미필적 고의라고나 할까.

어째서 홈을 파 놓았는지는 잘 모르겠지만 짐작은 간다.

밋밋한 거 보다 뭔가 있어 보여!!

'존 카 (John Carr)'

아무튼 정체모를 홈에는 절대 가까이 가지 말자!!

하지 말라는 건 꼭 더한다니까.

그럼 어떻게 칠하라고?

지금부터 그것을 알려주겠다는 거 아냐!!

참을성이라고는 눈곱만큼도 없군!!

초크 칠을 할 때 사용하는 위치는 놀랍게도 초크의 모서리 부분이라는 것!!

콕 찍어 요 부분이었던 것이죠!!

26. 올바은 초크 사용법!!

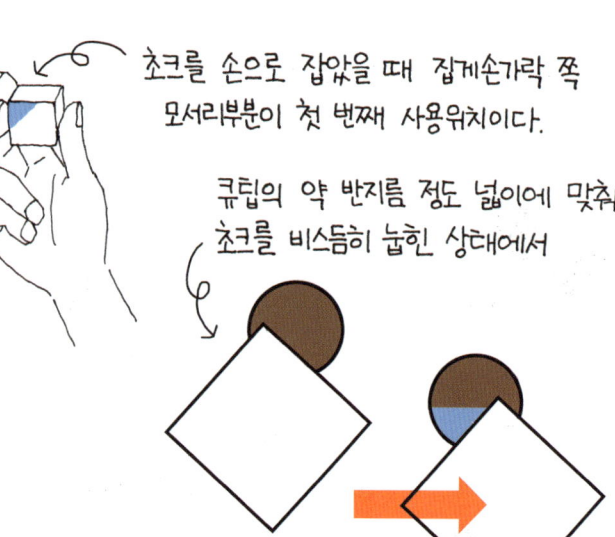

초크를 손으로 잡았을 때 집게손가락 쪽 모서리부분이 첫 번째 사용위치이다.

큐팁의 약 반지름 정도 넓이에 맞춰 초크를 비스듬히 눕힌 상태에서

초크를 수평방향으로 움직이면서 칠하는 것이 포인트!!

왼손으로 상대를 조금씩 돌려가며 전체적으로 고르게 칠해 주는 것이 요령!!

어느 정도 사용하게 되면 그림과 같은 모양으로 닳게 되는데 적당히 닳았다고 판단되면 방향을 바꿔 다른 쪽 모서리를 사용해 칠해 준다.

초크 모서리 사용 순서

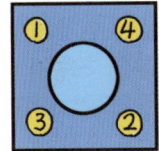 

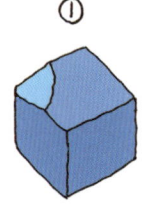 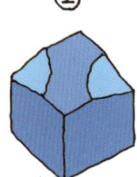 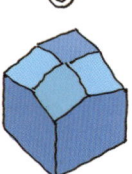 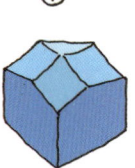

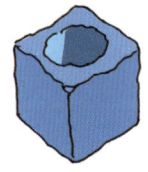

초크를 잘못 사용했을 때

초크의 수명이 완전 짧다.
초크로써의 기능을 전혀 발휘하지 못한다.

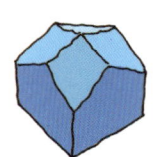

올바로 사용했을 때

마르고 닳도록 쓸 수 있다.
마법이 제대로 먹힌다.

26. 올바은 초크 사용법!!

고점자는 게임 중 틈틈이 자신의 큐 상태를 체크한다.
큐팁이 너무 반들반들해져 있는지 가장자리에 이상은 없는지
꼼꼼히 살핀다.
큐팁에 초크가 잘 칠해지도록 손질해 두는 것 또한 잊지 않는다.
혹시라도 생길지 모를 단 한 번의 미스큐도 허용치 않기 위함이다.
단 한 번의 미스큐가 게임을 망쳐 버릴 수 있기 때문이다.
또 다른 이유로는 보검과 같은 자신의 큐를 손질해 줌으로써
심리적 안정감을 갖기 위함이랄까.

일종의 마인드 컨트롤!!

초심자의 경우 게임 중 어김없이 미스큐가 나온다.
게임 시작 전 큐팁을 열심히 다듬어 초크가 잘 칠해지도록
만들었지만 한참 치다보면 어느새 큐팁이 반질반질해져
초크가 제대로 칠해지지 않는다.
이를 간과하고 계속 치다보면 점점 더 반들반들해져 어느 순간
미스큐가 나게 되는 것이다.

특히나 미스큐가 났던 부분은 완전
빙판처럼 되는데 이 부분을 손질해 주지 않고
그냥 초크를 칠하면 또 다시 미스큐가 나고 말지.

후회는 아무리 빨라도 늦다니까.

만일 그 순간이 한 점만 더 득점하면 게임을 잡을 수 있는 상황이었다면, 더욱이 미스큐 이후 상대에게 너무너무 좋은 공 배치를 주어 역전패했다면..

과연 그는 잠을 잘 수 있을까?

고점자로 가는 길은 별난 곳에 숨어있지 않다.
초크를 올바로 칠하는 것만으로도 어느새 자신의 핸디가
한 단계 레벨업 되어 있는 것을 발견하게 될 것이다.

뱅킹(banking)과 스팟(spot)

뱅킹(banking)

뱅킹(banking)이란 누가 먼저 게임을 시작할지를 결정하기 위해 두 선수가 한 번의 샷으로 승부를 겨루는 것을 말한다. 세계 당구 연맹 UMB의 공식 규정에는 초구를 결정하기 위해 뱅킹을 하도록 되어있다.

(기본적으로는 뱅킹에서 승리한 플레이어에게 초구가 주어지지만 이를 양보할 수도 있음.)

토막 상식!!

흰색 공은 고점자용, 노란색 공은 하점자용으로 알고 있지만
이는 잘못된 상식이다.
단지 상대방 공과 내공을 구분하기 위함일 뿐,
당구공 색깔로 신경전을 벌일 필요가 전혀 없다는 거..

당구클럽의 아마추어 경기에서는 3구든 4구든 초구는 하점자의 몫이다.
고점자는 초구 공략방법을 아주 잘 알고 있으며
이를 찬스 볼로 만들어 시작과 동시에 게임을 지배할 수 있다.
어쩌면 그렇기 때문에 하점자를 위한 일종의 배려가 아닐까?
아니면 불문율???

테이블에는 모두 5개의 스팟이 표시되어 있다.

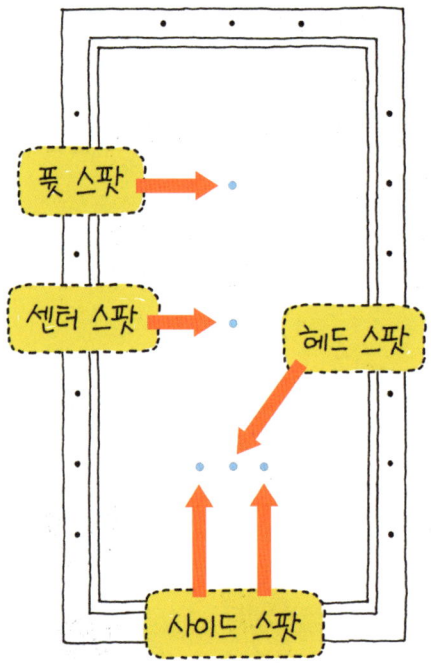

(왼손을 사용하는 플레이어는 왼쪽 사이드 스팟에 자신의 공을 놓는다.)

> 영문표기

헤드 스팟(head spot), 센터 스팟(center spot), 풋 스팟(foot spot), 사이드 스팟(side spot)

게임을 시작하기 위해 초구를 배치할 때나 게임 중 공이 튀어나갔을 때처럼 공을 재배치할 필요가 있을 때 사용된다.

당구 단상

국제식 테이블에는(international table) 스팟이 표시되어 있지만 아쉽게도 중대의 경우 스팟이 표시되어 있지 않다.
중대란 아마추어 동호인들이 당구를 좀 더 쉽게 즐길 수 있도록 국제식 테이블보다 그 크기를 조금 작게 만든 테이블을 말한다. 약 40cm 작다.
이를 국내식 중대라고 하며 명칭 그대로 오직 우리나라에서만 사용되는 테이블이다.
구형 모델의 경우 쿠션의 반발력이 약해 3쿠션과 같은 다양한 기술을 필요로 하는 게임에는 부적합했으나 당구재료의 발전으로 인하여 최근에는 국제식 테이블에서 구사하는 다양한 형식의 기술도 가능해졌다.
테이블 크기는 조금 작지만 당구를 즐기기에 전혀 문제가 없는 정식 당구테이블인 것이다.
때문에 스팟 역시 당연히 표시되어야 하겠지만 아쉽게도 스팟은 표시되어 있지 않다.
(대형 클럽의 경우 중대에도 스팟이 표시되어 있음.)

스팟이 표시되어 있지 않아 생겨난 부작용은 의외로 심각하다.
스팟이 없는 중대에서의 3구 경기 진행방식을 보면 뱅킹을
생략하는 것은 물론 초구 배치 없이 공을 손으로 굴려 시작한다.
공이 테이블 밖으로 이격되었을 때 역시 손으로 굴리는 방식으로
재배치한다. 국적불명의 룰(rule)이 만들어진 것이다.
일반 동호인들의 당구규정에 관한 이해가 부족한 것도
사실이겠지만 무엇보다 스팟 표시가 되어 있지 않은 테이블이
더 큰 이유일지도 모른다.
중대에도 스팟이 표시되어 있다면 당구를 대하는 우리들의
마음가짐도 조금은 더 성숙해지지 않을까 생각해 본다.

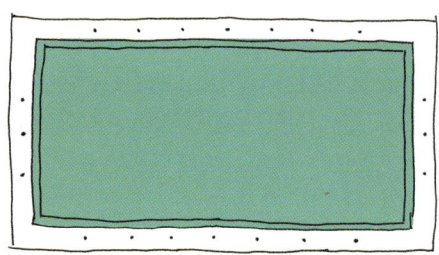

국내식 중대 크기
가로 1,224mm x 세로 2,448mm

스팟에 따른 올바른 공의 위치

빨간색 공은 풋 스팟, 노란색 공은 헤드 스팟,
흰색 공은 사이드 스팟이 초구의 기본 위치.

3구 초구 배치도

`재배치 기본도` (재배치는 반드시 공격자를 기준으로 한다.)

게임 중 공이 튀어 나갔을 때나 공과 공이 서로 프로즌(붙었을 때) 되었을 때는 재배치를 해야 한다.
단, 프로즌 상태일 때는 그 상태에서 공략할 수도 있고 재배치를 요구할 수도 있다. 플레이어가 유리한 쪽으로 결정한다.

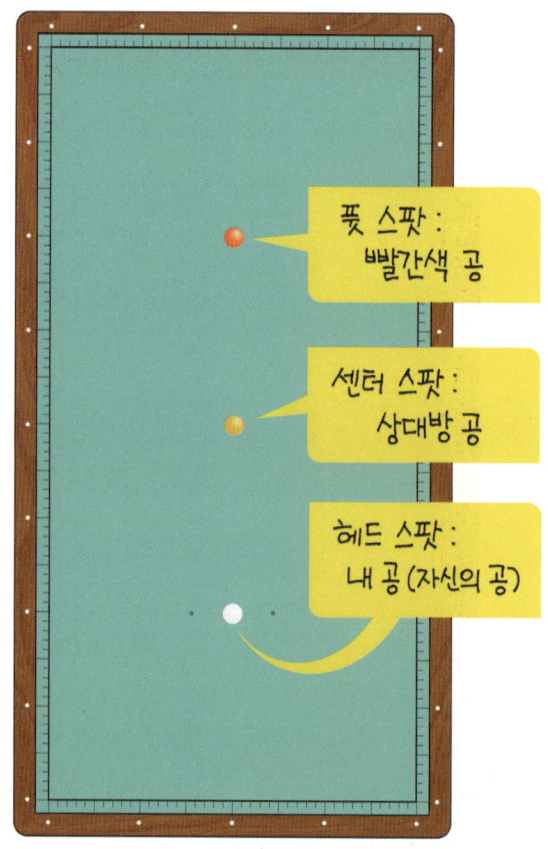

풋 스팟 : 빨간색 공

센터 스팟 : 상대방 공

헤드 스팟 : 내 공 (자신의 공)

연습문제 ①

흰색 공의 플레이어가 노란색 공과 흰색 공을 테이블 바깥으로 날려 버렸다. 재배치를 해 보자.

《 정답도 》

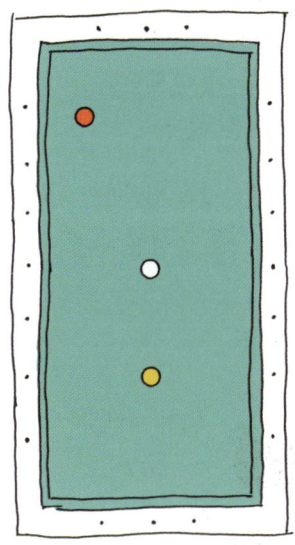

주의사항!!

테이블 안에 공은 그 위치에 그대로 두고 바깥으로 날아간 공들만 재배치 한다.

노란색 공 플레이어의 차례이므로 상대방공인 흰색 공은 센터 스팟, 자신의 공인 노란색 공은 헤드 스팟이 된다.

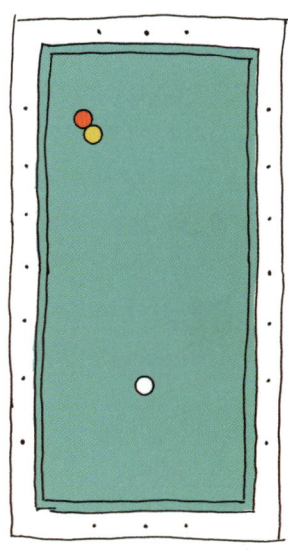

연습문제 ②
빨간색 공과 자신의 공이 붙어있다.
그런데 이게 웬일~~
재배치를 하려고 보니 흰색 공이
헤드 스팟에 딱~ 버티고 있다??

걱정하지 말자.

흰색 공은 상대방 공이므로
센터 스팟으로 이동시켜주고 내공을
헤드 스팟에 놓으면 된다.
마찬가지로 빨간색 공이
헤드 스팟에 위치해 있다면
빨간색 공을 풋 스팟으로
이동시켜 주면 된다.

(스팟 위치가 중복 될 때는 테이블
안에 있는 공도 움직일 수 있다.)

《 정답도 》

쉽다, 쉬워~

뭐가 어떻게
된다고?

> 뱅킹 방법

빨간색 공은 풋 스팟에 위치시키고 흰색 공과 노란색 공은 헤드 스팟에서 수평으로 연결선을 그어 적당한 곳에 놓는다. 공을 놓는 위치는 특별히 정해져 있지 않으며 두 플레이어가 나란히 섰을 때 서로 부딪히지 않을 정도의 위치에 놓는다.

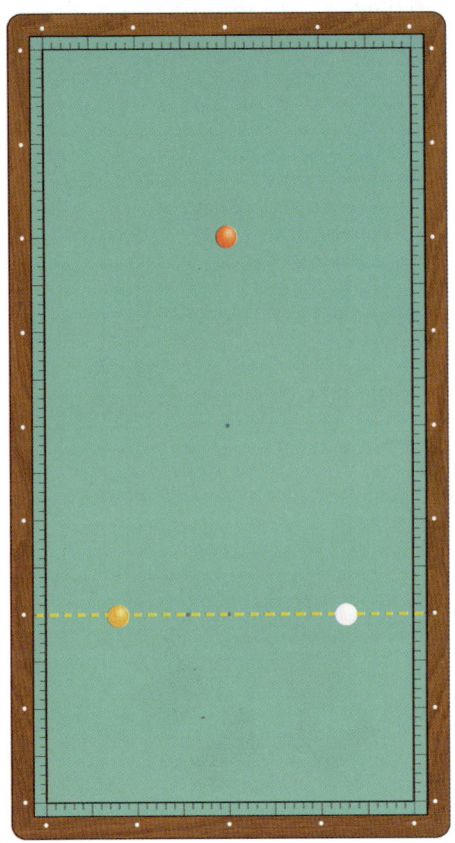

뱅킹이 시작되면 두 플레이어는 함께 위쪽 쿠션을 향해 공을 친다.
이때 어느 한쪽 플레이어의 공이 위쪽 쿠션에 도착하기 전에
상대 플레이어도 반드시 공을 출발시켜야 한다.

첫 번째 공이 위쪽 쿠션을 맞추었을 때까지 두 번째 공이 출발하지
못하면 규정위반이 되며 처음부터 다시 뱅킹을 해야 한다.
만일 두 번째 뱅킹에서도 실패한다면 초구를 칠 권한을 상실한다.

위쪽 단축을 맞고 내려온 공이 아래쪽 단축 쪽에
보다 가깝게 멈춘 자가 승자가 된다.

아래쪽 단축을 맞고 올라가도 상관없다.
무조건 단축 쪽에 가까운 자의 승리!!
실수로 옆쪽 장축을 맞혔을 때는 국제규정에서는
허용하지만 국내 규정에서는 허용치 않고 있다.
규정이 통일되지 않아 아쉬운 부분이다.

4구는 빨간색 공이 2개이다.
풋 스팟과 헤드 스팟에 각각 빨간색 공을 놓고 내 공은 사이드 스팟에 놓는다.
문제는 4구의 경우 상대방 공을 위한 스팟이 준비되어 있지 않다는 것. 그림과 같이 연결선을 그어 장축 기준 1포인트 지점에 상대방 공을 위치시키거나 쿠션에 붙여 놓는다.

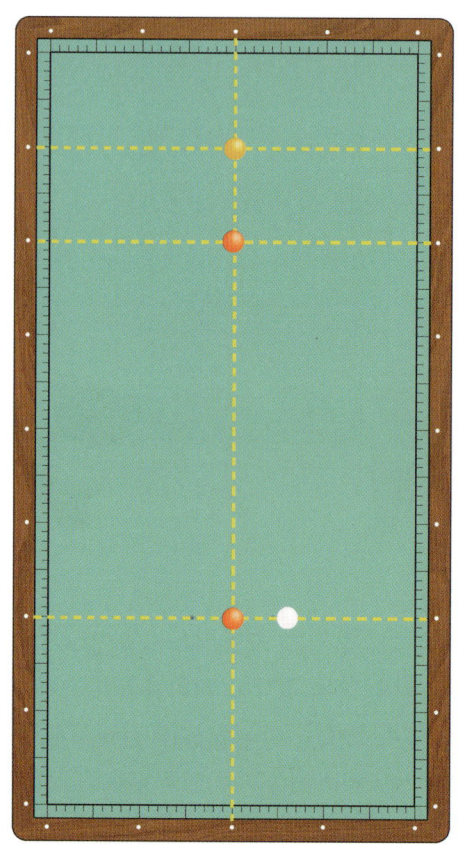

상대방 공을 쿠션에 붙여 놓는 이유는 초심자의 경우 초구 공략 과정에서 상대방 공을 맞힐 수 없기 때문에 게임을 원활하게 진행하기 위해서이다.

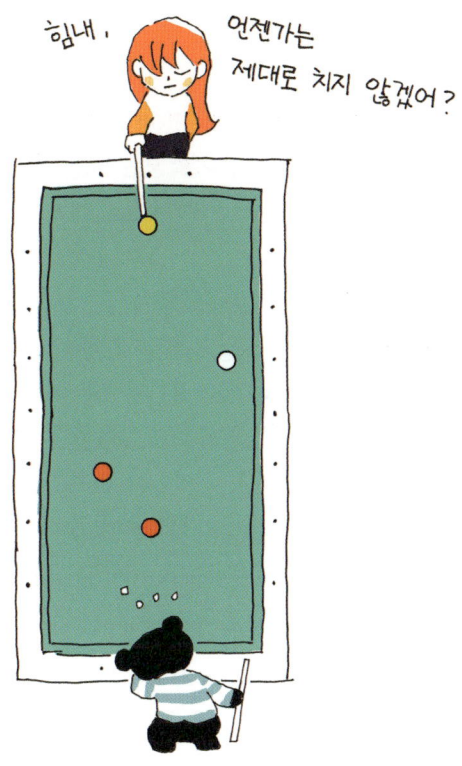

이후 상대방의 초구공략이 끝나면 붙어있는 공을 떼어 내 1포인트 지점으로 옮겨 놓는다.

뭔가 어색해도 참 어색하다.
어째서 4구에서는 상대방 공을 놓는 스팟이 없는 것일까?
어째서 번거롭게 붙였다 떼었다 해야만 하는 것일까?

 토막 상식!!

당구에서 4구라는 종목은 1876년에 열린 슬론순과 섹스튼의 시합을 끝으로 폐지되었으며 이후 모든 캐롬 경기는 3구로 바뀌었다. 4구 경기가 폐지된 것은 아이러니컬하게도 당구테이블 설비의 발전 때문이었다.
초기 당구 테이블에는 쿠션이 없었다.
단지 두꺼운 헝겊이나 가죽을 덧대어 틀이 손상되는 것을 막는다거나 공이 튀어 나가지 않게 하는 데 그 목적이 있었다.
하지만 고무쿠션이 발명되면서부터 상황은 완전히 바뀌게 된다. 쿠션을 이용하여 공을 모아치는 기술이 개발되었던 것이다.
한 이닝에 거의 1,000점이라는 놀라운 득점력의 선수들이 등장하면서부터 당구는 터무니없이 시시한 게임이 되고 말았던 것. 이후 대중들의 끔찍한 외면 속에 당구는 점차 쇠퇴의 길을 걷게 되고..

이에 많은 당구 애호가들은 당구의 인기회복을 위해 절치부심!! 마침내 고무쿠션을 이용한 전혀 새로운 게임형식을 고안하기에 이른다. 바로 쿠션을 이용한 3쿠션 게임이었다.
3쿠션 게임의 출현은 그야말로 충격이었으며 경이로움 그 자체였다. 당구의 제 2막이 열린 것이다.

당구가 우리나라에 소개된 것은 1912년경,
이미 4구라는 종목이 사라진 지 한참 후였던 것이다.
뿐만 아니라 4구 종목이 폐지되면서 모든 케롬 경기의 정식 규정은
3구를 기준으로 다듬어지고 정착되기 시작하였다.
때문에 4구에 대한 정식 규정은 세계 어느 나라에도 존재하지
않으며 심지어 우리나라에 당구를 소개한 일본조차도 현재는
전혀 4구를 치지 않는다.

우리나라 역시 당구 정식 종목에 4구는 없으며 단지 일반 동호인들이
클럽에서 4구를 즐기는 데 불편함을 해소키 위해 최소한의 원칙만
기술하고 있을 뿐이다.

모든 스포츠는 문화의 발전과 함께 진화한다.
사용하는 도구들이며 규칙, 기술들은 끝없이 발전하고 진화해 간다.
케롬 역시 진화된 최종형태인 3구의 모습을 갖게 되었다.
우리나라에서도 최근 대형 클럽을 위주로 3구를 즐기는 동호인들이
늘어나고 있으며 3구용 테이블의 보급도 점차 확대되고 있다.
언젠가는 우리나라에서도 4구를 찾아보기 어려울 것 같다.

대한 당구연맹의 규정을 살펴보면 4구 역시 초구를 결정하는 방법으로
뱅킹을 하도록 되어있다. 하지만 일반클럽에서는 저마다 각기 다른
규칙을 만들어 사용한다.
어쩌면 쇠퇴의 길을 걷고 있는 4구의 어쩔 수 없는 모습일지도 모르겠다.

> 뱅크 샷(bank shot)

뱅킹은 선공을 누가 먼저 할 것인가를 정하기 위한 것으로 위쪽 쿠션을 향해 공을 보내는 것을 말한다.
이처럼 목적구를 향해 큐볼을 보내는 것이 아닌 쿠션을 향해 보내는 것을 뱅크 샷(bank shot)이라고 한다.

뱅크(bank)란 제방과 같은 하천이나 호수 등의 범람을 방지하기 위한 목적으로 축조된 구조물을 뜻한다.
돈을 저축해 두는 곳을 뱅크라고 하는 이유도 이 때문이다.

고무가 발명되기 이전인 초기 당구 테이블은 단지 공들이 테이블 밖으로 떨어지지 않게 공을 가두는 것이 그 목적이었다.

하지만 공이 테이블에 맞고 튀어나오는 것을 활용할 수 있다는
사실을 발견하면서부터 이를 적극 활용하기 위한 다양한 방법들이
시도되었는데 그 중 하나는 동물의 털을 가죽 속에 넣어 틀에
덧대는 방식이었다.
그러나 그 만듦새는 너무나 조악하여 지금의 고무쿠션과는
비교조차 할 수 없었다.
더욱이 초크조차 없어 큐볼에 회전도 주지 못하던 때였으니
엄청난 곡선을 그리며 튀어 다니는 큐볼을 어찌 상상조차
할 수 있었을까.
때문에 단지 둑을 향해 차는 샷이라는 뜻으로 뱅크 샷이라고
불리게 되었던 것이다.

27. 뱅킹(banking)과 스팟(spot)

만약 당시 고무쿠션이 존재했다면 아마도
쿠션 통통 샷 정도로 불렸을지도 모르겠다.

어떤 용어는 그 문화의 깊이를 가늠케 한다.
당구의 경우 뱅크 샷이나 회전을 뜻하는 잉글리시가 그렇다.
전통을 소중히 하는 문화는 영원하다.
뱅크 샷이나 잉글리시와 같은 조금은 엉뚱한 의미의 용어들도
그 속에 숨어 있는 문화의 깊이를 살짝 들여다보아 준다면
오늘날 우리들이 즐겁게 당구를 칠 수 있도록 애써 준
역사 속 그들에게 작은 고마움의 표시가 아닐까 생각해 본다.

쿠션 (cushion)

그림과 같은 공 배치가 떴다.

정말 쉽다. 천재일우의 기회랄까,
이건 뭐 핸디 30점이라고 해도 공짜라는 거지.

기본기가 부실하면 공짜는 없다일까.

이번에는 제2목적구가 조금 더 멀어졌다.

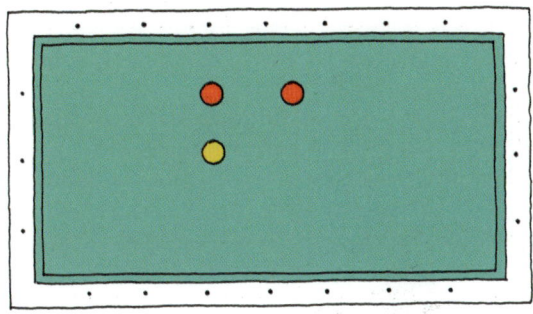

약간은 부담스럽지만 역시나 끌어치기로
직접공략이 가능하다.

그런데 이젠 제2목적구가 한참 더 떨어져있다.
이때도 직접공략이 쉬울까?

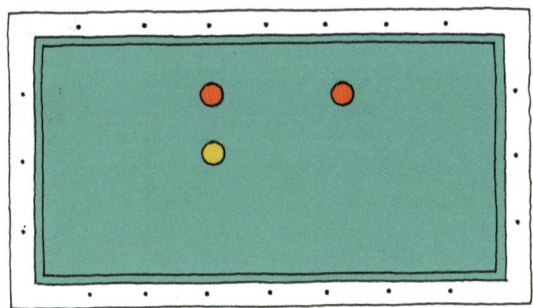

끌어치기는 제2목적구의 거리가 멀어지면 멀어질수록 어렵다.

아주 그냥 사무치지.

그러고도 또 어김없이 캐롬샷을 선택한다는 거..

레알 옹고집전 관람 중.

사실 그렇게 나쁜 선택은 아니며 오히려 최선이고 당연한 선택일 것이다. 왜냐하면 그들의 눈에는 오직 제1목적구와 제2목적구만 보이기 때문이다. 뭔가 다른 방법을 찾기에는 당구를 접한 시간이 턱없이 짧았을 뿐이다. 이제 당신에게도 당구의 제 2막이 시작될 시간이 온 것이다.

자자, 광고 10초 남았습니다!!
조명 밝혀 주시고~
카메라 위치 잡고~
거기!!
소품을 먹어 버리면
어쩌자는 거야!!

28. 쿠션(cushion)

탄성 (elasticity)

쿠션을 향해 큐볼을 쳤다.

툭~

당근 퉁~ 하고 튕겨져 나오지.

퉁~

쿠션을 향해 작정하고 치면 녀석도 작정하고 튕겨낸다.
불평 한마디 없이 제 할 일을 참 열심히 하는 녀석이다.

짜아식, 누구랑 달리 완전 착해~

쿠션의 재질은 일반 고무와는 달리
탄성력이 아주 강한 고탄성고무이다.
때문에 반발력 또한 아주 예민하고 강력하다.
약하게 치면 약하게,
강하게 치면 강하게 반발한다.

침대는 참 폭신폭신하다.
앉으면 폭~ 들어갔다가도
일어나면 다시 원래대로 돌아오지.

침대가 과학이라지?

그래?

매를 부르는 것도 과학이라지.

매트리스 속에 강력한 스프링 장치가 설치되어있기 때문인데 고탄성고무 역시 그 속에 강력한 스프링 장치가 설치되어 있다고 이해하면 쉽다.

탄성에는 두 가지가 있다. 체적탄성과 형상탄성이다. 축구공을 누르면 압축되었다가도 힘을 빼면 다시 원상태로 돌아간다.

축구공 속 공기 입자들이 축구공을 원래의 모습으로 되돌려 놓기 때문이다. 이것을 체적탄성이라고 한다.

아악, 테리!!!
내 당구대!!!

하지만 공기가 모두 빠진 축구공은 탄성력을 완전히 상실한 가죽때기일 뿐..

스프링을 힘주어 누르면 압축되었다가도 힘을 빼면 순식간에 원상태로 되돌아온다.
활시위를 당기면 활대가 휘어지지만 활시위를 놓으면 활대 역시 원상태로 되돌아온다.

이처럼 단단한 물체가 가지고 있는 물체 고유의 탄성을 <mark>형상탄성이라고 한다.</mark>

28. 쿠션(cushion)

큐볼이 충돌하면 쿠션은 그 충격량만큼 압축된다.
충격량이 작다면 아주 조금, 충격량이 크다면
꼴사납게 찌그러들지.

이때 압축된 쿠션은 충격량만큼의 에너지를 저장하며 저장된
에너지는 원래의 형태로 되돌아가고자하는 힘으로 작용한다.
이를 탄성에너지라고 한다.

한 가지 재미있는 상상을 해 보자.
축구장 바닥이 당구 테이블과 똑같은 조건이라고 할 때
한쪽 골대에서 반대편 골대를 향해 당구공을 있는 힘껏 쳤다면?

운동하고 있는 물체는 방해를 받지 않는 한 계속 직진한다.
관성의 법칙 때문이다.
하지만 이는 어디까지나 무중력상태일 때의 경우일 뿐
중력이 존재하는 테이블 위에서의 상황은 좀 다르다.
바닥면의 마찰력이 당구공의 운동을 방해하기 때문이다.
그렇더라도 완전 수평면에서의 구름 마찰력의 크기는 아주
작기 때문에 큐볼의 전진에너지는 그닥 빼앗기지 않을 것 같다.
더군다나 바닥은 당구 테이블과 똑같은 조건이다.
충분히 골인 시킬 수 있지 않을까?

축구장 넓이는 대략 120m정도.

못해도 축구장 가운데까지는 족히 굴러갈 것 같지 않나요?

테이블 정면을 향해 있는 힘껏 쳤다면
큐볼은 최대 5번의 왕복이 가능하다.

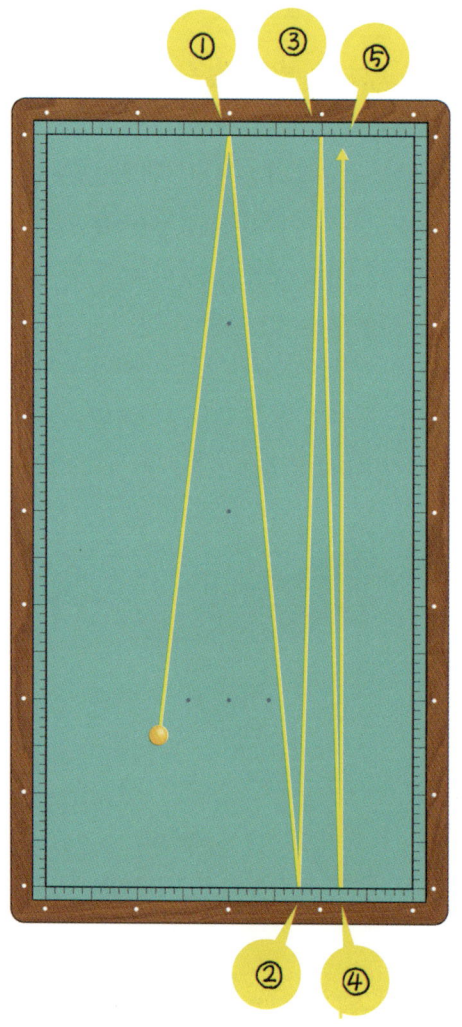

중대의 크기는 안쪽을 기준으로 약 2.44m 이다.
큐볼의 진행거리를 계산해 보면 대략 13m. 헐???
못해도 50m이상은 굴러갈 거라고 생각했는데
고작 13m라니!!

쿠션의 탄성계수는 당구공보다 훨씬 작기 때문에
충돌 순간 큐볼의 강력한 충돌에너지에 밀려 압축된다.

이때 탄성체인 쿠션은 자신이 압축되는 부피에 비례하는 만큼의 에너지를 흡수하여 저장한다.

충돌에너지가 크면 클수록 쿠션은 더욱 압축되며
더 많은 에너지를 흡수한다.
반대로 큐볼은 쿠션을 압박할수록 자신의 에너지를
빼앗기게 되는데 어느 시점에서 큐볼의 에너지와
쿠션에 축적된 에너지의 크기는 역전된다.

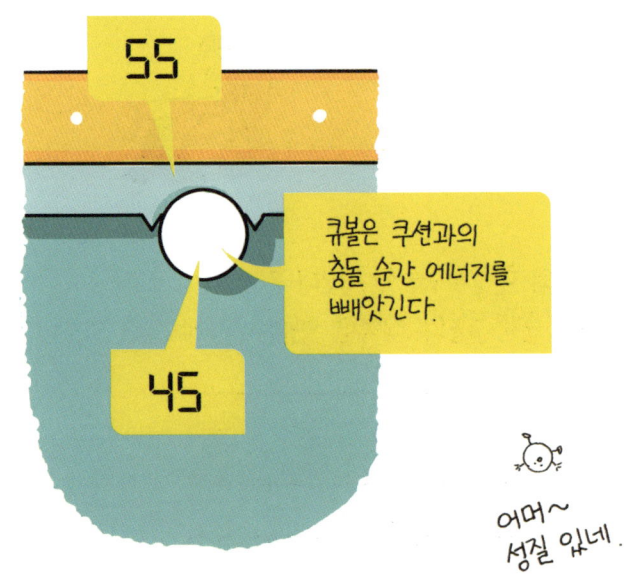

마침내 쿠션에 축적된 에너지가
탄성에너지로 전환되며 큐볼을
강력하게 튕겨 내지.

쿠션이란 에너지를 잡아먹는
한 마리 굶주린 늑대이다.

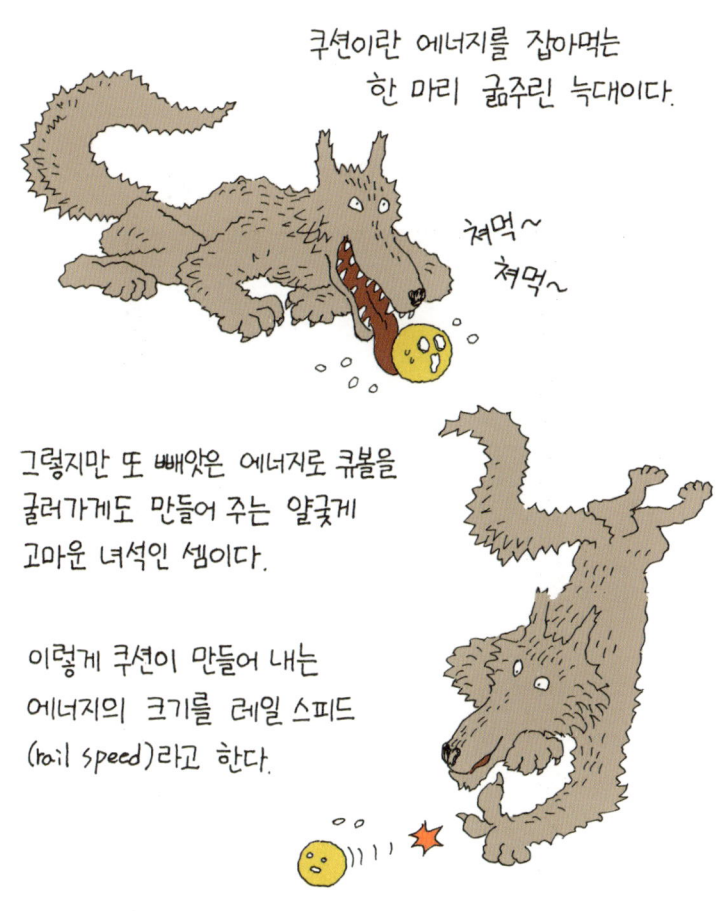

그렇지만 또 빼앗은 에너지로 큐볼을
굴러가게도 만들어 주는 얄궂게
고마운 녀석인 셈이다.

이렇게 쿠션이 만들어 내는
에너지의 크기를 레일 스피드
(rail speed)라고 한다.

레일 스피드 (rail speed)

한 번 튕겨내면 1레일 스피드, 두 번이면 2레일 스피드,
세 번이면 3레일 스피드, 네 번이면 4레일 스피드,
다섯 번이면 5레일 스피드이다.

28. 쿠션(cushion)

예제: 3레일 스피드

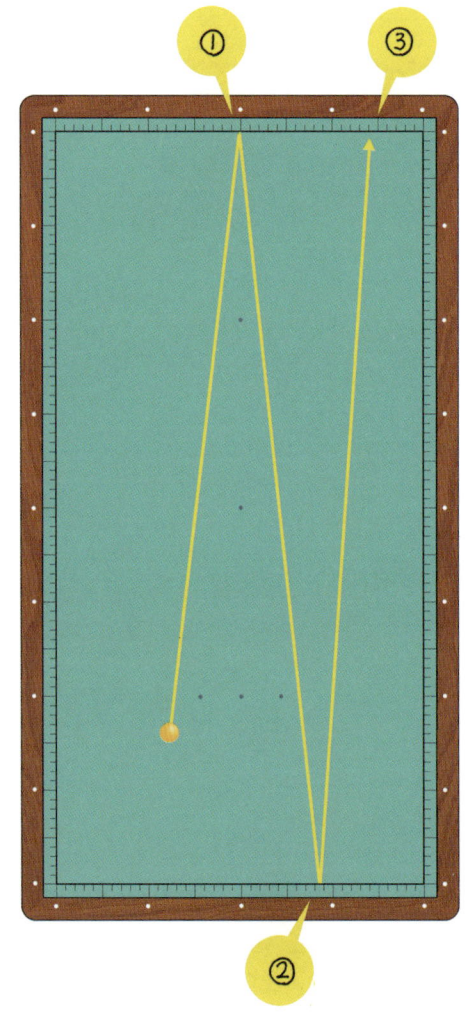

테이블 긴 쪽에서의 최대 레일 스피드는 5레일 스피드이다. 그렇다면 짧은 쪽에서의 최대 레일 스피드는?

짧은 거리에서의 왕복 횟수가 훨씬 더 많을 것 같지만 아이러니 하게도 긴 쪽과 똑같은 5레일 스피드이다.

깨알상식

캐롬(carom) 테이블은 두 가지로 나뉜다.
4구용 테이블과 3구용 테이블이다.
두 테이블은 그 특성이 전혀 다르다.
사용하는 공의 크기도 다르고 쿠션의 높이도 다르며 무엇보다
쿠션의 탄성력 자체가 다르다.

4구는 모아치기를 이용한 다득점 공략방식으로 공이 움직이는
거리가 짧을수록 유리한 경기이다.
때문에 쿠션의 탄성력은 크게 필요치 않다.
3구는 그 게임의 특성상 공과 공이 테이블을 활주하는 거리가
길어야 한다. 쿠션의 탄성력이 크면 클수록 유리한 것이다.

만약 4구 테이블에서 3구를 친다면 지독하게 짧은 큐볼의
활주거리와 어디로 튈지 모르는 반사각 때문에 스트레스만
왕창 쌓이게 될 것이다.

당구테이블은 4구용과 3구용 두 가지 방식으로 설정되어 있으므로
즐기고자 하는 종목에 따라 그에 적합한 테이블을 선택해야
한다. 물론 4구용 테이블 몇 대만 덩그마니 설치되어 있는
당구장이라면 그건 어쩔 수 없는 일이겠다.

미스터리 서클

사용한 지 오래된 당구대의 테이블 바닥천 위에는 온통 흰색 점들로 가득하다.

어째서 이런 점들이 생겨나는지 "아라의 당구홀릭" 열혈 애독자라면 이미 완벽히 꿰뚫고 있는 내용이랄까.

사실 당구 테이블 위에서 일어나는 사건들은 그렇게 만만치가 않다.

당구테이블에는 미스터리 서클이 존재한다??

미스터리 서클이란?

밀이나 옥수수 등의 곡물을 특정한 방향으로 눕혀 어떠한 형태를 나타냄. 외계인의 장난이라는 설이 있음.

일 없는 외계인이 많은가 보다.

일거리 좀 줘~

우리도 먹고살기 빡빡하거든.

당구테이블이 옥수수 밭도 아닌데 미스터리 서클이라니 도대체 무슨 소리일까?

그런데 사실 동네 당구장에 출근도장 찍으시는 분들은 단번에 눈치 채셨을 것이다. 테이블 안쪽 가장자리에 그어진 의문의 흰색 선을 말하고 있다는 것을!!

쿠션이 설치된 바로 아래쪽으로 바닥면 전체에 빙 둘러 그어져 있음.

도대체 누가!! 무슨 목적으로 이런 곳에 선을 그어 놓은 것일까?

사실 이 흰색 선은 테이블 사용기간이 오래되면 자연발생적으로 생겨나게 되는데 어떤 불가항력적 요인에 의해 필연적으로 생겨날 수밖에 없는 인과율의 법칙인 것이다.

인과율의 법칙

낙서금지!!

, 유앱포!!

불세출의 명탐정 셜록 홈즈의 예리한 관찰력과
통찰력으로 지금부터 이 흰색 선의
비밀을 파헤쳐 보자.

① 커피포트에 약 150ml의 찬물을
부어준 다음 작동스위치를 누른다.

② 탁 소리가 들릴 때까지
인내심을 가지고 기다린다.

③ 끓인 물을 머그컵에
조심스럽게 따라 준다.

④ 미리 준비해 둔
커피믹스를 뜯어
탈탈 털어 넣는다.

이때 기호에 따라 설탕조절부분을 적절히 조절해 주는 것이 포인트.

⑤ 인내심을 가지고 끝까지 기다린다.

29. 미스터리 서클

《 준비물 》

당구공 한 개.

30cm 자.

그리고 양질의 체력과

게임머니!!

그림과 같이 30cm자를 테이블 바닥에 놓고
큐볼을 그 앞쪽에 위치시킨다.

이때 당구공을 자 끝에
찰싹 달라붙게끔 놓는다.

스트레스는 쌓아두면 독이 된다.
풀자, 있는 힘껏!!

튀어나오는 큐볼을 빠르게 낚아채어
다시 자 앞쪽에 붙인 후 계속 후려치는 거다.

큐볼을 재배치시킬 때 a지점과 b지점 사이를
이동해가며 배치시킬 것.

약 30분 정도 땀을 쪽 빼준 후 자를 치워 보자.

흰색 선이 나타났다??

좀 더 확대 해 보자.

우주인 사귀냐?

선처럼 보였던 이것은 사실 큐볼이 출발할 때
바닥면에 생긴 흰색 점들이다.
한정된 공간 안에 많은 점들이 겹치면서 마치 선처럼
보이게 된 것이다.
쿠션 밑의 흰색선 역시 이와 똑같은 방식으로 만들어진
흰색 점들의 군집이었던 것이다.

그런데 말입니다?

당구를 치다보면 큐볼이 쿠션에 딱
달라붙어 쿠션 바로 밑에 흰색 점을 찍을
수밖에 없는 상황도 분명히 있습니다.
하지만 그렇게 찍힌 흰색 점의 개수가
한 게임에 몇 개나 될까요?

테이블 한 가운데에 하트모양이 그려질 확률이
훨씬 더 높다는 것이죠.
혹시 쿠션 밑에 찍혀진 흰색 점들은
뭔가 다른 요인에 의해 만들어지는
것은 아닐까요?

너 진짜
우주인이랑 사귀냐?

바닥면에서 축구공이 튀어오르지 않도록 조심조심
벽을 향해 굴린 뒤 튀어나오는 축구공의 상태를
매의 눈으로 지켜보자.

축구공은..

토끼처럼 깡총깡총 뛰어 오르면서 튀어나온다.
백만 스물 한 번 굴려도 똑같다.
바꿔 말하면 절대 바닥에 붙은 상태로 구르면서
튀어나올 수 없다는 것인데 이는 뉴턴의 운동법칙
(Newton's laws of motion) 중 제 3법칙
〈작용 반작용의 법칙〉때문이다.

배 위에서 곰을 던지면
곰이 날아가는 반대방향으로
배가 움직임.

> 관성의 방향

벽면을 향해 던진 테니스공은 비행궤적과 거의 유사한 궤적을 그리며 튀어나온다.

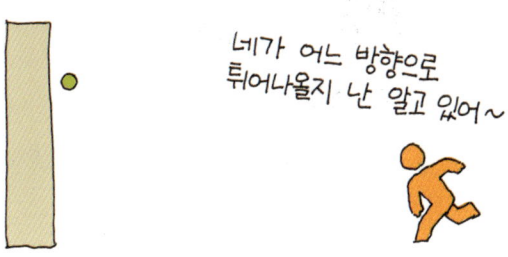

느닷없이 위쪽으로 솟아오른다거나 아래쪽으로 꺼지지 않는다. 왜냐하면 테니스공 역시 관성의 법칙이 작용하는 관성계에 존재하기 때문이다.

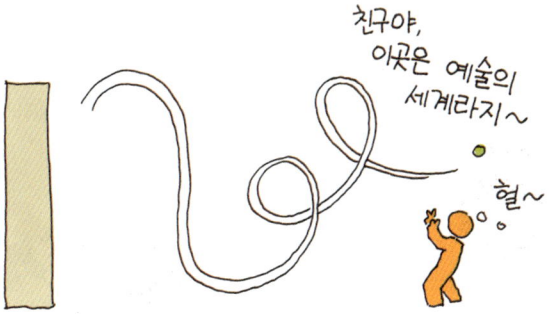

관성이란 녀석은 사실 좀 얄밉다.
융통성이라고는 눈곱만큼도 없는 고집불통인 녀석이기 때문이다.

멈추면 절대 움직일 줄 모르고,

일단 움직이면 절대 멈출 줄 모른다.

어디 그뿐??
성격도 완전 편향적이어서 한 번 정한 방향은 절대 안 바꾼다.

매 밖에 없다.

모든 물체는 잠재적 에너지를 가지고 있다.
이를 '질량에너지'라고 하며 질량이 큰 물체일수록 에너지의 크기도 크다.
때문에 날아오는 테니스공의 방향을 바꾸고 싶다면 테니스공보다 훨씬 더 무거운 물체를 앞쪽에 배치해 주면 된다.
왜냐하면 관성의 크기는 물체의 질량과 비례하기 때문이다.

질량이 큰 물체일수록 반작용의 힘도 크다.
테니스공의 관성방향쯤 단번에 바꿔 버릴 수 있지.
이때 작용 반작용의 법칙이 성립하는 곳은 두 물체의 에너지가 충돌하는 지점, 즉 접점이다.

충돌한 두 물체는 이 접점을 통해서 에너지를 주고받는데 이 경우 두 물체 사이의 접점은 하나뿐이다.

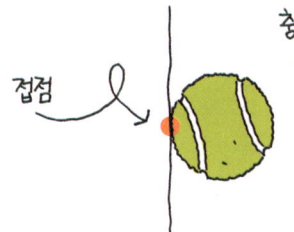

때문에 반작용의 방향은 무조건
테니스공이 날아온 방향이 되는 것이다.

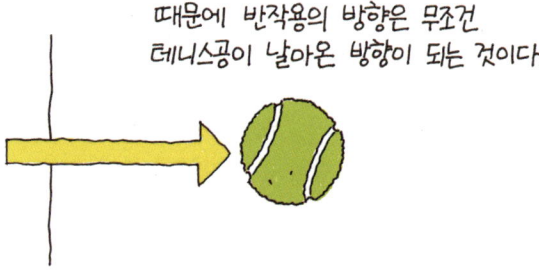

하지만 바닥면을 굴러온 축구공이 벽면과 충돌할 때는
상황이 전혀 다르다.

벽면과의 접점

바닥면과의 접점

축구공과 바닥면 사이에 제 2의 접점이 만들어지기 때문이다.
즉, 축구공의 충돌에너지는 벽면뿐만 아니라 바닥면으로도
작용한다는 사실이다.

테이블 위에 큐볼이 놓여있다.
이때 큐볼에 작용하는 힘은 몇 개일까?
중력, 수직항력, 마찰력, 이렇게 세 가지이다.

중력이 작용하는 방향은 무게중심축을 기준으로 수직하향이며
수직항력은 중력과는 정반대로 바닥면을 기준으로
수직상향으로 작용한다.

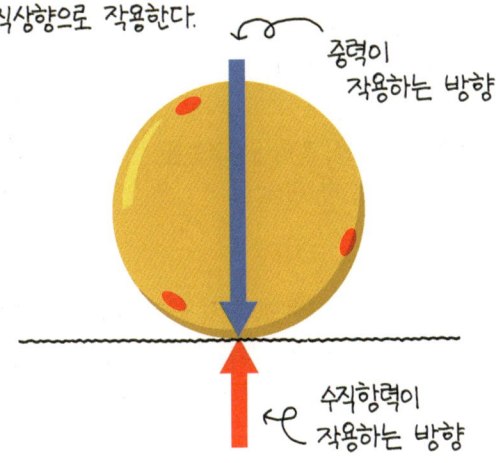

중력이 작용하는 방향

수직항력이 작용하는 방향

그리고 이 두 힘이 만나는 지점, 즉 접점에서는
마찰력이 작용한다.

수직항력(normal force):
물체가 접촉한 면에 수직 방향으로 작용하는 힘으로,
바닥이 물체를 떠받치는 힘을 말함.

중력과 수직항력은 상호작용에 의해 상쇄되는 힘이다.
즉, 두 힘은 정지해 있는 당구공에 아무런 영향을 주지 못한다.
유일한 힘은 접점에서 만들어지는 마찰력뿐인데
이마저도 접점의 크기가 너무 작아 거의 영향을 주지 않는다.
때문에 살짝 건드리기만 해도 당구공은 아주 잘 굴러간다.

성공의 비결은 시작에 있다.
시작의 비결은 아무리 복잡한 문제라도
작은 조각으로 나누어 첫 조각부터
시작하는 데 있다.
〈톰 소여의 모험〉,〈허클베리 핀의 모험〉등을
쓴 소설가 마크 트웨인이 한 말이다.

우리는 그동안 당구실력을 업그레이드하기 위해 두께며 당점이며,
분리각에 관성모멘트까지, 수많은 복잡한 이론 공부에만 열을
올렸지 정작 큐볼 앞에 엎드려 단 한 번도 녀석의 모습을 진지하게
바라봐 준 적이 없었던 것은 아닐까?

오늘만큼은 우리 모두 마음에 여유를 갖고 꼼짝 않고 있는 녀석의
모습을 진지하게 바라봐 주자.

멋쩍어서라도 비밀 하나 쯤 털어놔 줄지도
모르는 일이니까 말이다.

사실 녀석은 아주 오래전부터 우리들에게 당구의 비밀 한 가지를 털어놔 주고 있었다. 다름 아닌 마찰력의 작용방향이다.
마찰력은 충돌하는 물체의 질량중심점과 언제나 수평방향으로 작용하고 있다는 사실을 말이다.

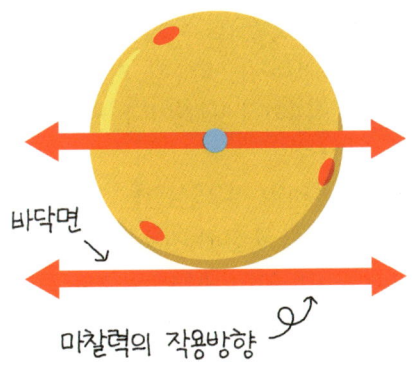

큐볼과 목적구가 충돌했을 때 그 분리각은 충돌하는 각도와 상관없이 언제나 90°이다. 어째서일까?

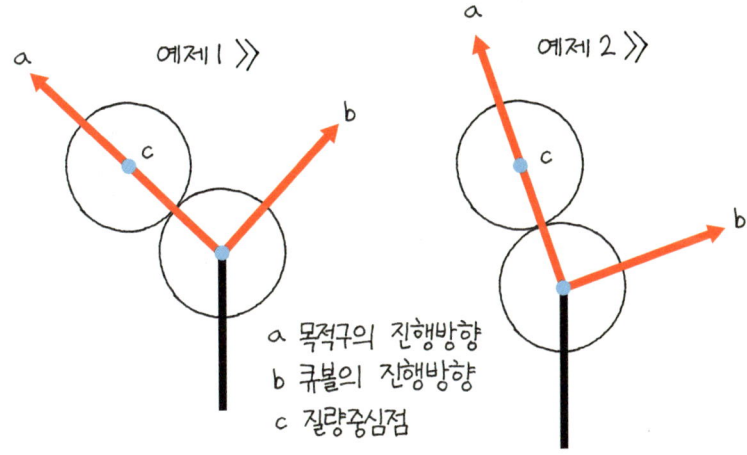

a 목적구의 진행방향
b 큐볼의 진행방향
c 질량중심점

마찰력이 작용하는 방향이기 때문이다.
큐볼의 충돌력과 목적구의 반발력은 작용 반작용의 법칙에 의해 그 힘의 크기가 같다. 어느 한쪽으로도 쏠림이 없는 똑같은 크기의 에너지가 정면으로 충돌하는 것이다.
(에너지의 충돌은 물체의 충돌과는 전혀 다르다.
어떤 각도로 충돌하든 에너지는 마주한 서로의 질량중심점을 잇는 접선 방향으로 작용하기 때문이다. 언제나 정면충돌이다.)

이때 접점에서는 두 물체의 질량중심점을 기준으로 <mark>힘의 수평선이</mark> 만들어진다. 이후 목적구는 충돌에너지에 의해 힘의 수평선에서 수직방향으로 밀려나지만 힘의 수평선에 놓인 큐볼은 블랙홀에 빨려든 우주선처럼 곧장 힘의 수평선을 따라 진행한다.

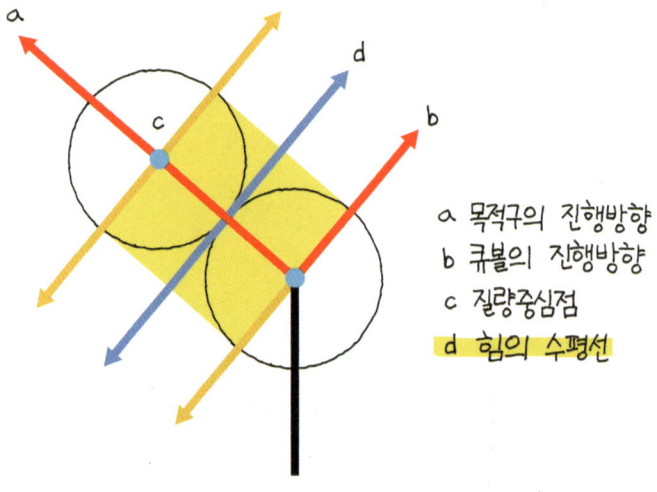

a 목적구의 진행방향
b 큐볼의 진행방향
c 질량중심점
<mark>d 힘의 수평선</mark>

에너지 전달과정 쉽게 이해하기

에너지는 "전진력"과 "회전력"이라는 두 개의 독립된 힘으로 작용한다. 일반적으로는 이 두 개의 힘은 하나의 물체에 동시에 작용하지만 상황에 따라 둘 중 어느 한 가지만 작용할 때도 있다.

하늘을 나는 비행기에는
전진력만 작용한다.

얼음판 위의 팽이에는
회전력만 작용한다.

그렇지만 우리가 알아야 할 것은 당구공에 작용하는 에너지이므로 비행기와 팽이는 신경 쓸 필요 없다.

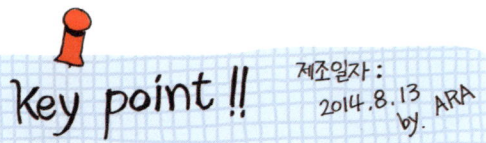

key point !!
제조일자 : 2014.8.13
by. ARA

① 물체는 질량을 가지고 있다.
② 에너지는 물체의 질량에 전달된다.
③ 질량에는 무게중심점이 있다.
④ 그리고 무게중심점은 자신을 비켜 가는 에너지는 둘로 나누는 버릇이 있다.

연못에 돌을 던지면 동그랗게 파문이 생겨난다.
에너지가 모든 방향으로 전달되고 있기 때문이다.
마찬가지로 당구공에 전달되는 에너지도 접점을 기준으로
당구공 전체로 전달된다.

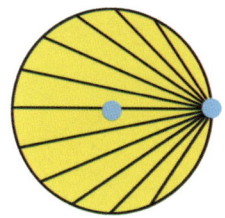
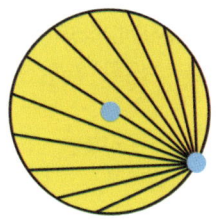

접점이 어느 곳에 만들어지든 상관없이
　언제나 무게중심점을 기준으로 퍼져 나가고 있는 것이다.

무게중심점을 대칭점으로 하여 a와 b로 나누었다.

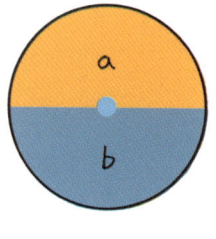
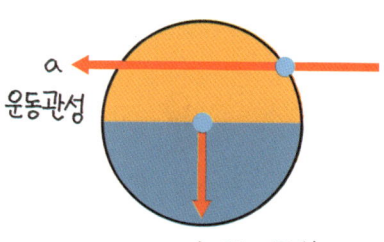

a에 에너지가 전달되었다.
강력한 충돌에너지는 a의 정지관성을 순식간에
붕괴시켜 운동관성으로 바꾼다.
하지만 b는 직접적인 충돌에너지를 회피한 상태이므로
계속해서 정지관성이 유지된다.

a는 전진하려하고 b는 그 자리에 있으려하지만 당구공은 하나이므로 어쩔 수 없이 끌려가게 되는데 회전운동의 시작이다.

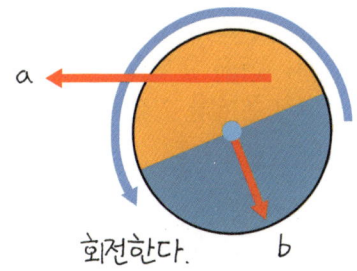

회전한다.

포인트!!

회전운동은 한 개의 정지관성이 두 개의 관성으로 나뉠 때 만들어진다.

에너지가 당구공의 정면으로 전달되었다면 a와 b는 똑같은 시간에 똑같은 양의 에너지를 전달받기 때문에 회전운동은 만들어지지 않는다.

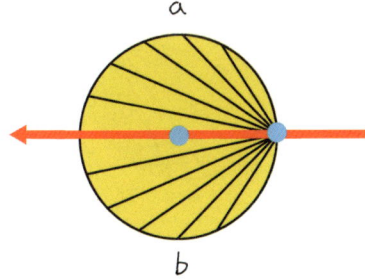

> 무게중심점은 에너지를 둘로 나누는 버릇이 있다.

에너지는 당구공 전체에 고르게 펴져 나간다.
하지만 각각의 에너지 선들은 그 힘의 크기가 다르다.
그 중 힘의 전달선이 가장 큰 힘을 가진다.

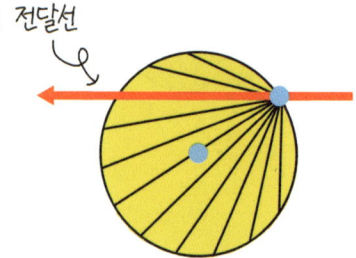

무게중심점은 힘의 전달선을 기준으로 자신이 포함된 영역의
에너지는 전진운동으로, 자신이 포함되지 않은 위쪽 영역은
회전운동을 만드는 에너지로 나눈다.

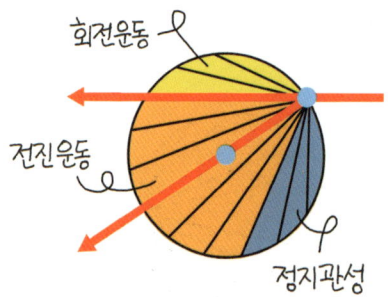

그런데 전진력은 뜻 밖의 장애물을 만난다. 바닥면이다.

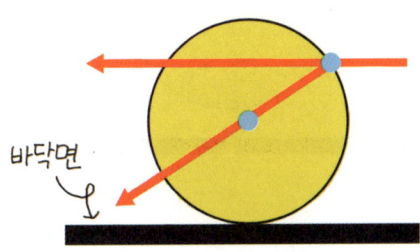

당구공은 테이블바닥을 뚫고 들어갈 수 없다.

아침산책길에 도민준과 마주치는 것보다 더 불가능한 일이다.

도, 도민준??

어쩔 수 없이 또다시 에너지를 나눈다.
앞쪽으로 향하는 힘과 바닥면을 누르는 힘으로!!
전진력과 마찰력의 시작이다.

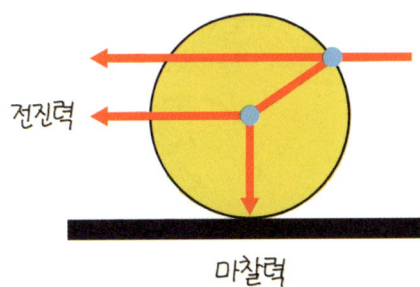

29. 미스터리 서클

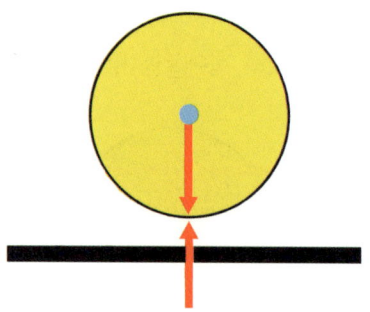

두 번째 불청객은 이쯤에서 등장한다. 반발력이다.
바닥면의 강한 반발력은 순식간에 큐볼을 공중으로 떠오르게 만든다.
바닥면의 흰점은 이때 만들어진다.
그리고 이 현상은 쿠션과 충돌할 때도 나타난다.

쇠구슬에 물을 반쯤 채우고 굴렸다.

노란색 점을 쇠구슬의 기본 무게중심점이라고 할 때
쇠구슬의 속도가 증가할수록 물은 점점 더 뒤쪽으로 쏠린다.
이때 쇠구슬은 바닥면의 마찰력작용에 의해 유효무게가
증가하게 되어 무게중심점이 이동한다.

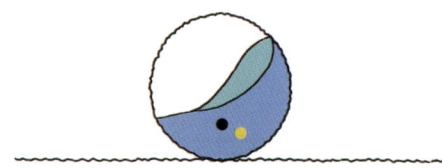

장애물을 만난 쇠구슬을 그 자리에 멈춘다.

이때 뒤쪽에 쏠려있던 물이 앞쪽으로 튕겨진다.
한순간에 물의 위치가 역전되며 쇠구슬의
　　　　　　　무게중심점도 앞쪽으로 이동한다.

뒤쪽이 가벼워진 쇠구슬은 마찰력을 상실하게 되어
바닥면의 반발력을 이기지 못해 튀어 오르는데..

잠시 후,

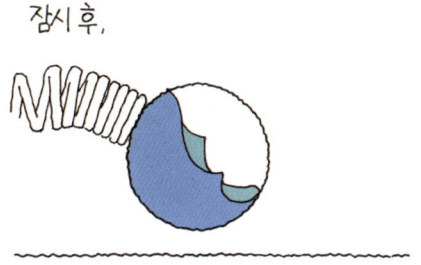

29. 미스터리 서클　101

쿠션은 자신의 강력한 탄성력으로
큐볼을 사정없이 내리꽂는다.

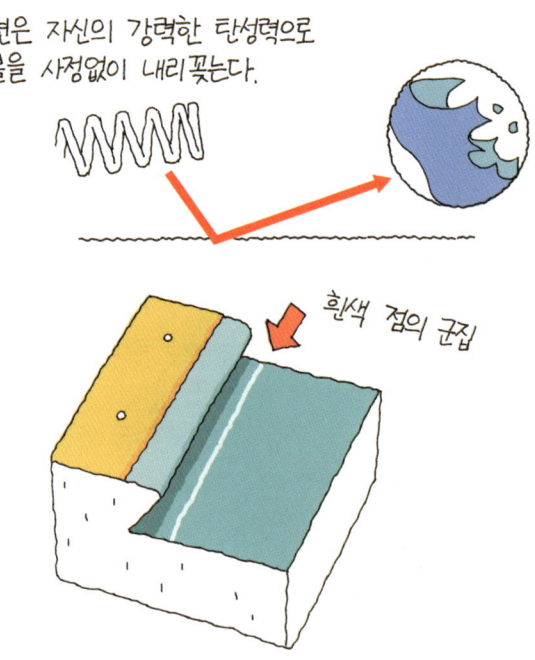

흰색 점의 군집

알고 보니 큐볼은 한번 움직일 때마다 몇 개의
흰색 점을 찍으며 테이블을 횡단하고 있었던 것이다.

서울~대전~
대구~ 부산~ 찍고~

어제 새로 깔았는데.

만약 축구장만한 당구 테이블이 있다고 한다면 큐볼을 끝에서
끝까지 보내는데 몇 번의 샷이 필요할까?
단 한 번의 샷으로 충분하다.
큐볼의 전진운동을 방해하는 힘은 달랑 바닥면의 마찰력
하나뿐이며 그마저도 힘이 가장 작은 구름 마찰력이기 때문이다.

당구테이블의 최대 레일 스피드는 5레일 스피드이다.
이는 큐볼이 테이블을 왕복하는 횟수가 고작 5번이
전부라는 뜻이며 이를 직선거리로
환산하면 약 13m.
(일반 당구장의 중대 기준)
그나마 긴 쪽의 경우이며
짧은 쪽은 충격적이다.
　　　　무려 6m 라니!!

쿠션은 큐볼의 에너지를 빼앗는다.
하지만 자신이 가진 탄성력으로 큐볼의 줄어든 에너지를
다시 보충해 준다. 때문에 쿠션과의 충돌자체만으로는
에너지 손실이 거의 없다. 그럼 어째서 고작 6m??

29. 미스터리 서클

:··:
: 큐볼의 회전방향에 따른 변화와 에너지 손실 :
`··········································`

쿠션과 충돌할 때 큐볼의 회전방향은 크게 세 가지로 나뉜다.

① 진행방향과 동일한 방향으로 회전하며 충돌한다.

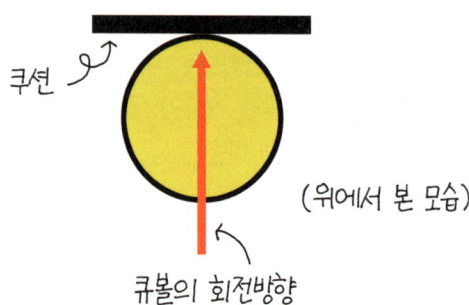

쿠션

(위에서 본 모습)

큐볼의 회전방향

② 진행방향과 상관없이 옆쪽으로 회전하며 충돌한다.

③ 진행방향과 반대방향으로 회전하며 충돌한다.

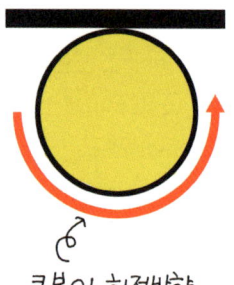

큐볼의 회전방향

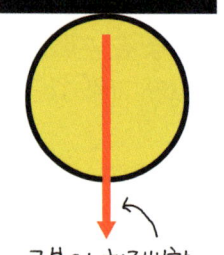

큐볼의 회전방향

위의 세 가지 충돌형태에서 큐볼이 튀어나오는
　　　　상태는 똑같을까? 다를까?
　　큐볼은 완벽히 다른 상태로 튀어나온다.

《 진행방향과 회전방향이 동일할 때 》

(샷의 세기는 가장 일반적인 3레일 스피드로 정한다.)
상단당점으로 쿠션을 향해 샷을 했을 때 튀어나오는 큐볼의 회전방향은 바뀌지 않는다.

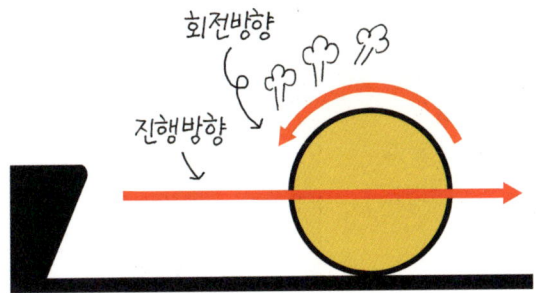

쿠션 쪽에서 바라보면 마치 하단당점으로 끌어치기를 구사한 것과 같은 상태가 된다.

때문에 테이블 중간쯤까지 역회전 상태로 미끄러지면서 진행하는데 이 과정에서 미끄럼 마찰력의 작용으로 많은 에너지가 손실 된다.

TIP!!

전진운동의 방향은 쉽게 바뀌지만 회전운동의 방향은 잘 바뀌지 않는다!!

이 특성을 이용하여 구사하는 대표적인 샷이 1쿠션 뱅크샷이다.

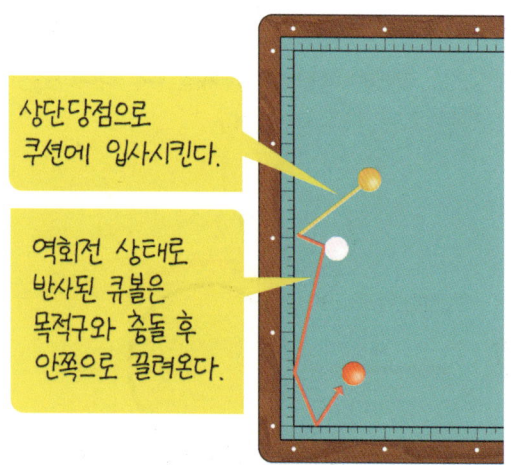

상단당점으로 쿠션에 입사시킨다.

역회전 상태로 반사된 큐볼은 목적구와 충돌 후 안쪽으로 끌려온다.

주의사항!! 역회전 상태로 반사되는 현상은 입사각에 따라 그 한계치를 가진다.

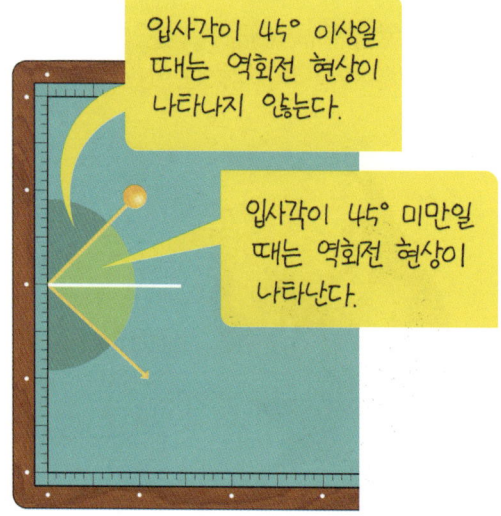

입사각이 45° 이상일 때는 역회전 현상이 나타나지 않는다.

입사각이 45° 미만일 때는 역회전 현상이 나타난다.

《 횡회전일 때 》
(무게중심축과 회전축이 같을 때)

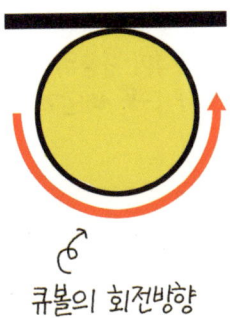

큐볼의 회전방향

회전방향은 바뀌지 않으며 단지 회전량에 따라 큐볼의 진행방향만 달라진다.

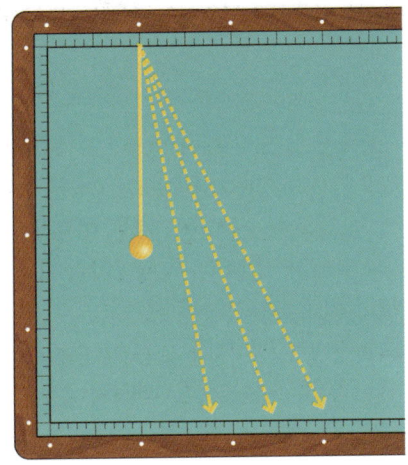

작용하는 마찰력은 미끄럼 마찰력이다.
하지만 역회전일 때보다는 에너지 손실이 훨씬 적다.

《 진행방향과 회전방향이 정반대일 때 》

튀어나오는 즉시 진행방향과 동일한 방향으로 회전한다.
이때 바닥면의 마찰력이 큐볼의 진행속도를 가속시켜
큐볼은 입사할 때 보다 더욱 빠르게 진행한다.

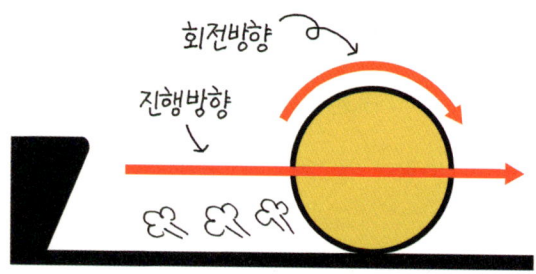

쿠션 쪽에서 바라보면 마치 상단당점으로 구사한 상태와 같다.
작용하는 마찰력은 구름 마찰력이며 에너지 손실은 거의 일어나지
않는다. 하지만 반대편에 도착한 큐볼은 이전과는 정반대인
역회전 상태로 튀어나오게 되는데, 진행방향과 회전방향이
동일한 첫 번째 상황과 같아지기 때문이다.
이 두 번째 충돌과정에서 에너지를 손실하게 된다.
쿠션을 횡단하는 횟수가 늘어날수록 에너지 손실은 더욱 커지게
되는데 역회전으로 진행하는 횟수 역시 늘어나기 때문이다.
테이블의 최대 레일스피드가 5인 이유이다.

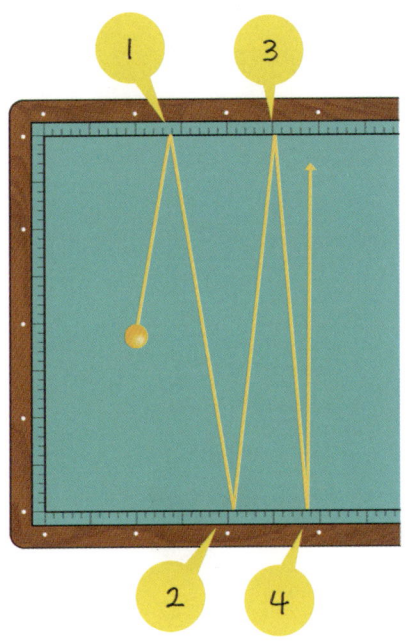

당구는 힘이 아닌 기술의 게임이다.
과도한 힘은 큐볼의 진로만 엉망으로 만들 뿐이다.

입사각과 반사각

입사각과 반사각

쿠션을 향해 보낸 큐볼은 튕겨져 나온다.
이때 큐볼이 쿠션을 향해 진행한 각을 입사각이라고 하며, 충돌 후 튕겨져 나오는 각을 반사각이라고 한다.

그런데 문제는 입사각과 반사각을 정하는 기준점이 어디인가 하는 것이다. 안타깝게도 많은 동호인 분들이 쿠션과 가까운 쪽을 입사각이라고 생각하며 그 반사각 역시 쿠션 쪽으로 알고 있다는 사실이다.

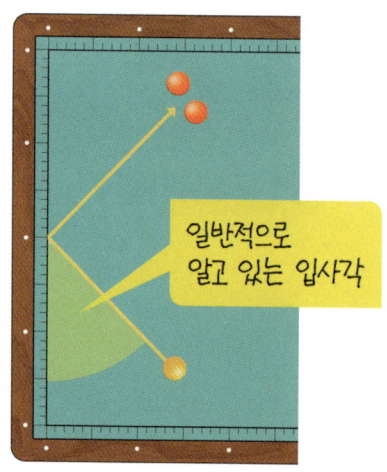

일반적으로 알고 있는 입사각

이것은 뜻밖에도 한 가지 심각한 문제점을 만든다.
공략방향에서 쿠션을 기준으로 너무 쉽게 각을 판단해
버리고 만다는 것이다.
큐볼의 진행방향에서 바라보는 입사각과 반사각은
주안시(Dominant Eyesight)뿐만 아니라 거리에 따른
공간감에 의해서도 영향을 받기 때문이다.

> 올바른 입사각과 반사각

당구테이블위에서의 입사각과 반사각은 큐볼이 쿠션과
만나는 지점에서 수평면인 쿠션을 기준으로 수직인 직선을
그었을 때(이를 법선이라고 함)
입사하는 큐볼과 법선이 이루는 각을 입사각이라고 하며,
반사하는 큐볼과 법선이 이루는 각을 반사각이라고 한다.

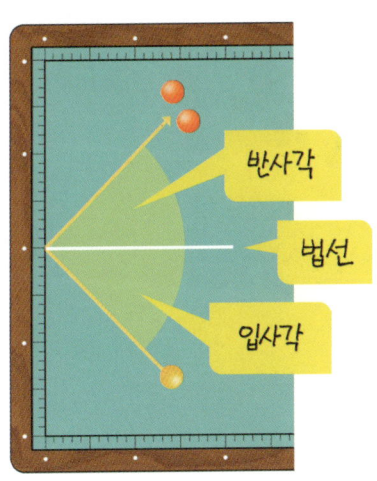

고점자는 원하는 입사각과 반사각을 찾을 때 자신이 설정한 지점으로 이동하여 바라본다는 사실을 꼭 기억하자.

> 입사각과 반사각은 다르다!!

당구에는 함정수가 있다.
그 중 대표적인 것이 "입사각과 반사각은 같다"라는 것이다.
반사의 법칙이란 오직 빛과 같은 파동의 형태에서만 성립될 뿐이며 이를 질량을 가진 당구공에까지 적용하려한다면 아주 큰 낭패를 겪게 된다.
강조하지만 당구공은 입사각과 반사각이 전혀 다르다.
왜냐하면 반사각을 만드는 쿠션은 큐볼의 충돌에너지에 따라 그 압축률이 변화하는 고무재질이기 때문이다.

그런데 어째서 "같다"라고 하는 것일까?
큐볼의 입사각과 반사각이 같다라고 전재할 때 어떤 점이 유리해질까? 큐볼의 진로를 예상하기가 훨씬 쉬워진다.
이는 곧 입사각과 반사각을 같게 만들면
그만큼 당구도 쉬워진다는 뜻이다.

30. 입사각과 반사각

당연히 고점자는 입사각과 반사각을 동일하게 만들 수 있다.
얼마나 많은 연습을 했을지는 굳이 상상할 필요도 없겠다.
결국 고점자가 만드는 반사각이 정답인 것이고, 나는 실력이
딸려 그리되는 것이라는 지극히 자기패배적 정체감이
버무려진 결과인 것이다.

한 번 더 강조하지만 당구공의 입사각과 반사각은 다르다.
이를 같게 만들어 주는 것이 당구의 핵심이며 그렇기 위해서는
반드시 연습이 필요한 것이다. 우리도 그들처럼 당구를 좀 더
쉽고 재미있게 즐기기 위해서 말이다.

> 당구 캠페인!!

내일의 모든 꽃은 오늘의 씨앗에 근거한다. (중국속담)
내일의 멋진 경기를 기대한다면 지금 당장 그 씨앗을 심자!!

배트맨,
한 판 할까?

> 반사각의 특성

12시 방향 1팁의 당점으로 다음과 같이 큐볼을 입사 시켰다.
이때 반사각이 어떤 각도로 만들어지는가는 온전히 샷의
스피드에 따라 결정된다.
1레일 스피드, 혹은 2레일 스피드에서는 입사각과 반사각이
거의 동일한 각을 이룬다.
하지만 레일 스피드가 더욱 빨라지게 되면 반사각은
터무니없이 좁아진다.

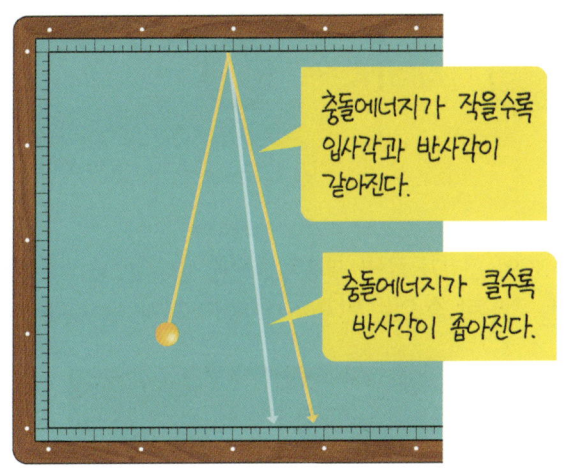

충돌에너지가 작을수록 입사각과 반사각이 같아진다.

충돌에너지가 클수록 반사각이 좁아진다.

에너지의 전달방향은 언제나 물체의 무게중심점에서 접점으로 향한다.
충돌에너지가 작으면 쿠션이 거의 압축되지 않기 때문에 에너지가
전달되는 방향과 반발력의 작용방향이 같아진다.
반사의 법칙 기준선인 법선을 향하게 되는 것이다.
때문에 큐볼의 운동관성은 법선을 기준으로 정확히
대칭선을 따라 움직인다.

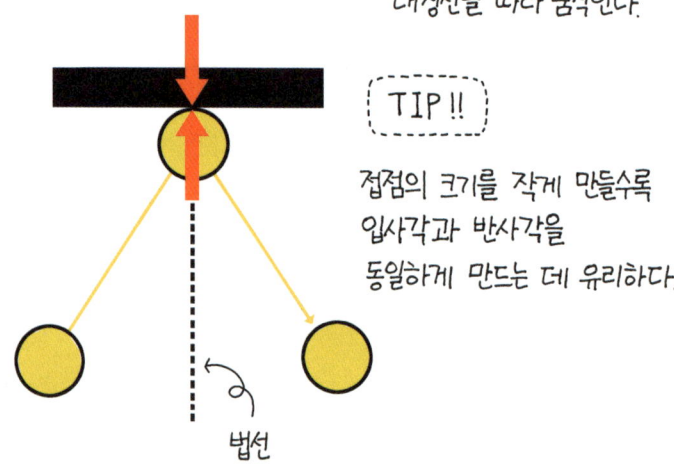

TIP!!

접점의 크기를 작게 만들수록
입사각과 반사각을
동일하게 만드는 데 유리하다.

법선

충돌에너지의 크기가 크면 클수록 쿠션은 상대적으로 더 많이 압축된다.
에너지를 전달할 수 있는 방향이 어마어마하게 늘어나게 되는 것이다.

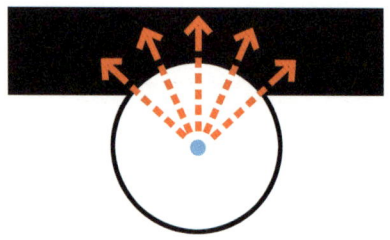

에너지는 전달방향에 따라 그 크기 또한 다르며 큐볼의 진행방향 쪽에서 전달되는 에너지가 가장 크다. 전진력이 작용하는 방향이기 때문이다.

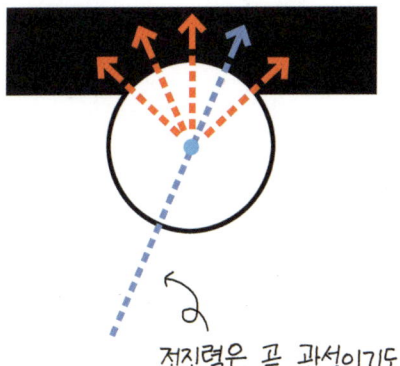

전진력은 곧 관성이기도 하다.

반발력은 충돌에너지가 가장 큰 쪽으로 작용한다. 이때 작용하는 반발력은 마치 히말라야의 거대한 장벽과도 같아서 큐볼의 관성을 입사방향 쪽으로 밀어낸다.

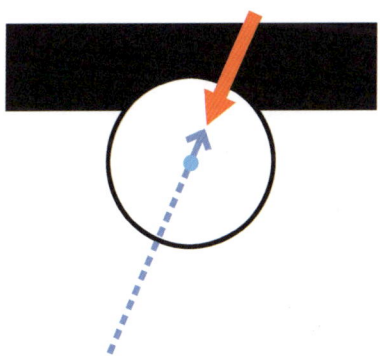

반사각이 형편없이 좁아지게 되는 것이다.

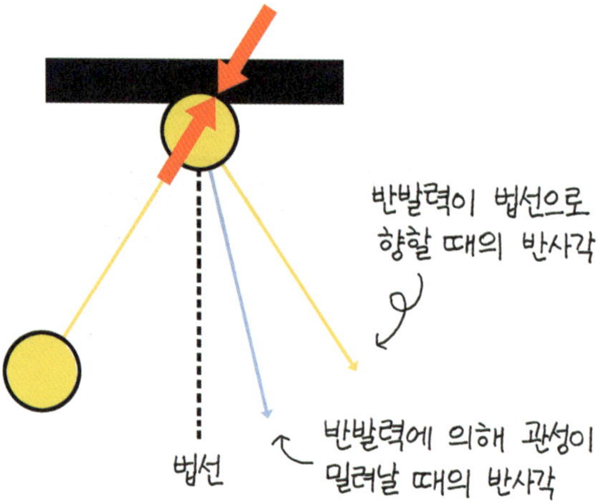

반발력이 법선으로 향할 때의 반사각

법선

반발력에 의해 관성이 밀려날 때의 반사각

TIP!!
너무 불으면 부작용이 따른다.

> 입사각에 따른 반사각의 특성

당구공은 동그랗다.
쿠션과 충돌할 때 충돌지점이 큐볼의 앞쪽이
될 수도 있고 옆쪽이 될 수도 있다는 뜻이다.

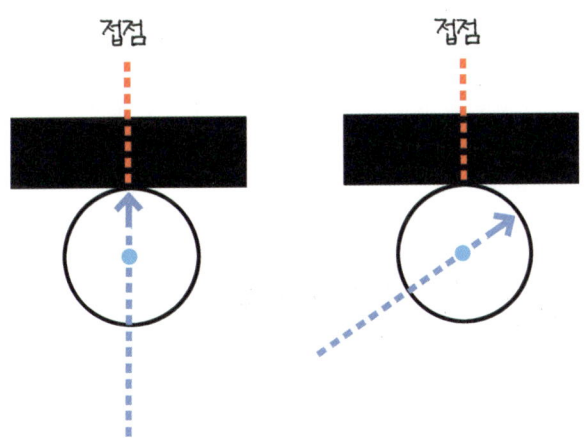

당구공은 정말 동그랗다.
쿠션과 충돌할 때 전진력 방향과 쿠션의 접점이 아주
가까워지기도 혹은 터무니없이 멀어지기도 한다는 뜻이다.

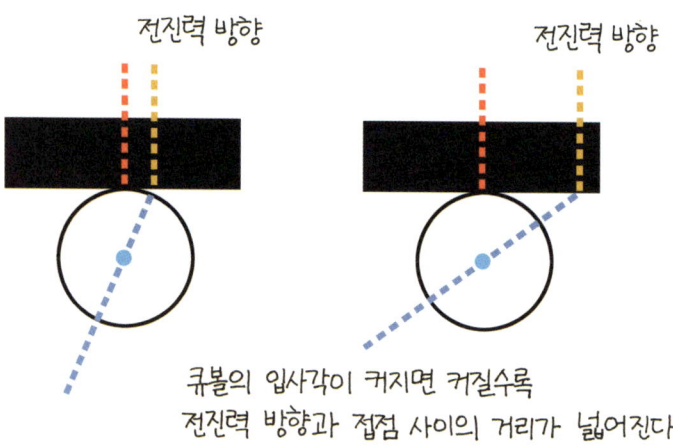

큐볼의 입사각이 커지면 커질수록
전진력 방향과 접점 사이의 거리가 넓어진다.

이처럼 전진력 방향이 접점과 멀어지면 멀어질수록 반사각은 더욱 커진다.
충돌에너지가 정면충돌을 회피하면 할수록 전진력의 방향성도 그만큼
유지되기 때문이다.

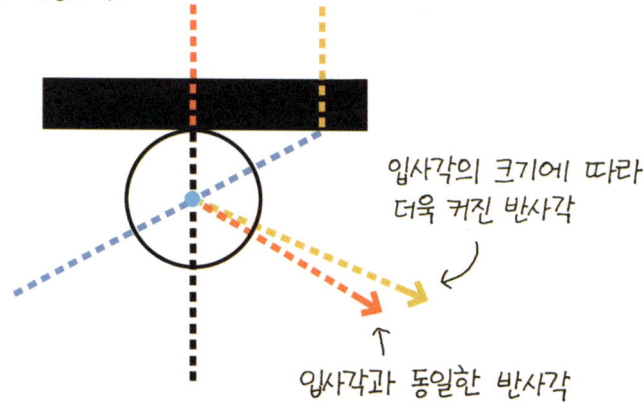

입사각의 크기에 따라
더욱 커진 반사각

입사각과 동일한 반사각

예제)
아래의 배치도는 2쿠션 뱅크샷으로
쉽게 득점할 수 있는 배치이다.

《 공략방법 》

하지만 막상 구사해 보면 제1목적구를 아주 얇게 맞고 2쿠션으로 맞는다거나 아예 공간으로 빠져 버려 실패하게 되는 경우가 의외로 많다.

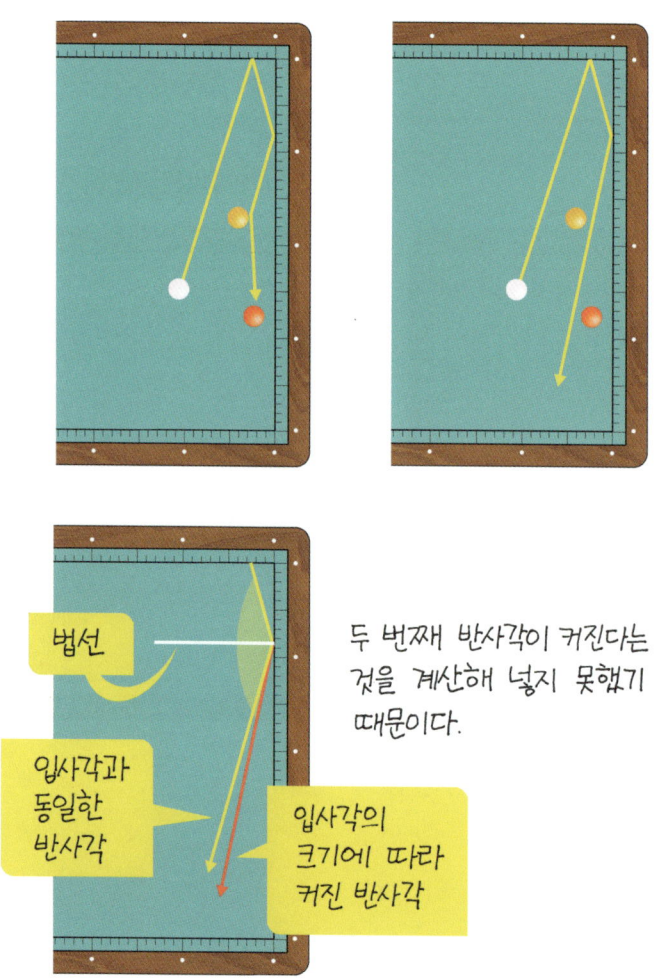

두 번째 반사각이 커진다는 것을 계산해 넣지 못했기 때문이다.

입사각에 따른 반사각의 기준은 다음과 같다.

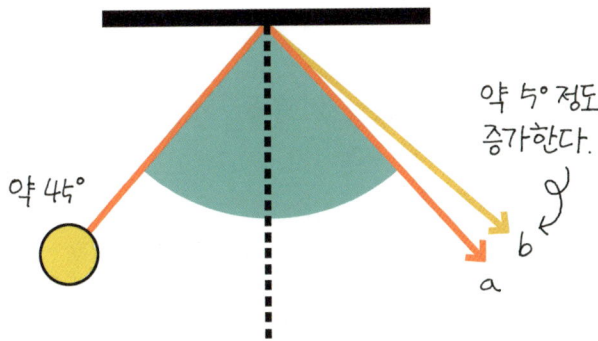

a 입사각이 45° 미만일 때는 입사각과 반사각이 거의 동일하다.
b 입사각이 45°를 넘게 되면 반사각은 상대적으로 증가한다.

30. 입사각과 반사각

{ 포인트를 활용하자!! }

당구 테이블에는 포인트라는 아주 특별한 녀석들이 존재한다.
테이블 가장자리의 흰색 점들이 그것이다.
장축으로 9개, 단축으로 5개이다.
큐볼이 진행하는 진로 및 각도를 쉽고 빠르게 찾기 위한
길라잡이 역할을 하는 완전 멋진 녀석이다.

(테이블의 종류에 따라
 코너 쪽 포인트가 생략된 테이블도 있음.)

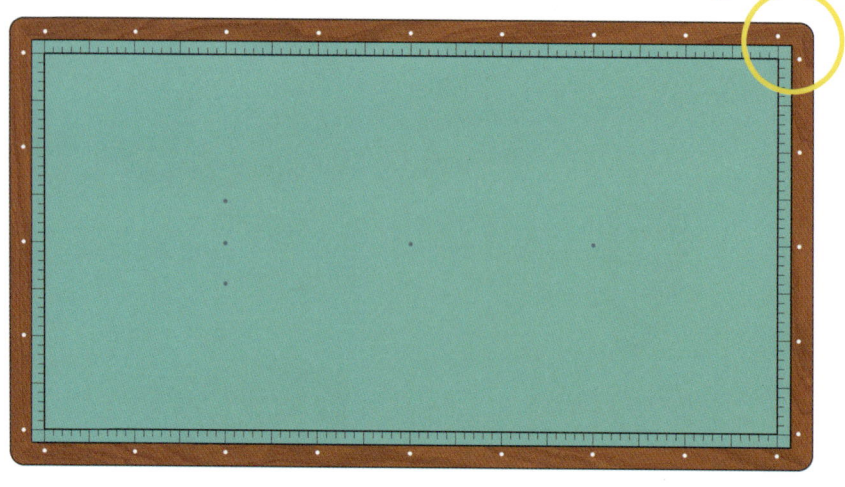

만약 당구테이블에 포인트가 없다면 어떻게 될까?
테이블이 뚫어져라 핏발선 눈으로 각을 찾아
헤매야 할 것이다.
생각만 해도 아찔하고 끔찍하다.

다행히도 아주 반짝 반짝한 포인트들이 사방에 꽉꽉
박혀있어 우리는 이를 적절히 활용만 해 주면 된다.

> 포인트 연장선에 따른 45°각 찾기

전개도를 자세히 살펴보자.
단축 포인트 1234와 장축 1234는 정확히 45°각도이다.
하지만 장축 a b c d 는 반 포인트의 오차가 발생한다.

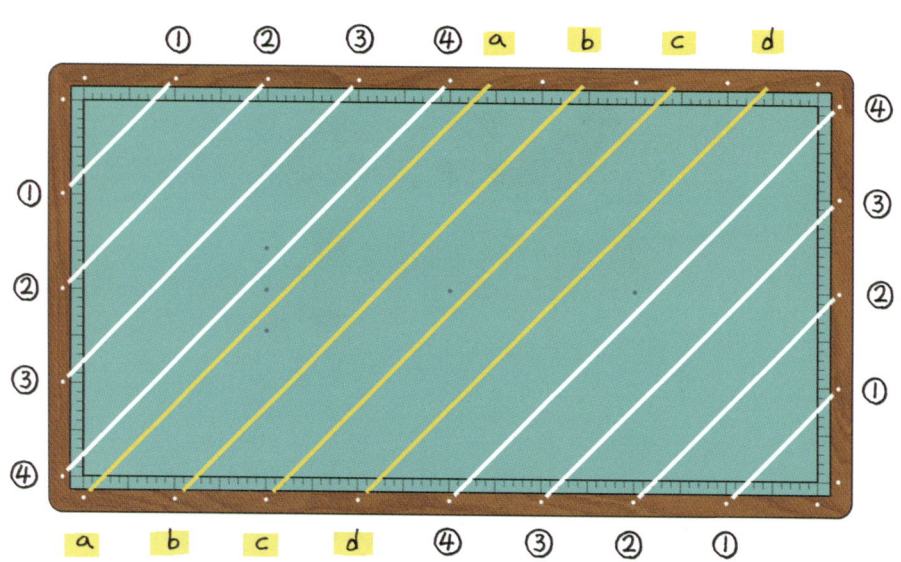

단축 마지막 포인트와 장축 첫 번째 포인트 사이의 거리,
즉 테이블이 직각으로 꺾이면서 만들어지는 특수성 때문이다.

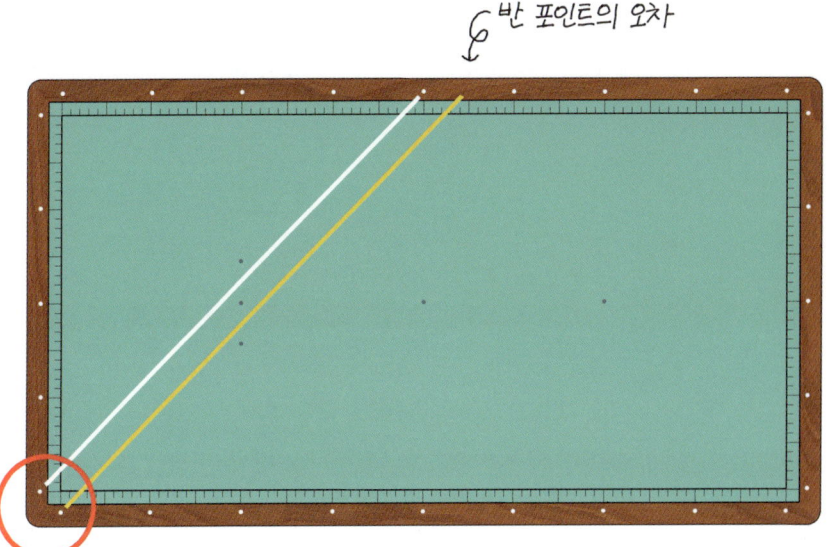

반 포인트의 오차

이 영역을 거리로 환산하면 약 15cm 이다.
포인트와 포인트 사이의 거리가 약 30cm 이므로
반 포인트에 해당한다.
당구에서 반 포인트의 오차는 치명적이므로 이를
잘 파악하고 있어야 한다.

아래쪽 장축 포인트와 위쪽 장축 포인트와의
연장선들은 약 `42°`를 이룬다.

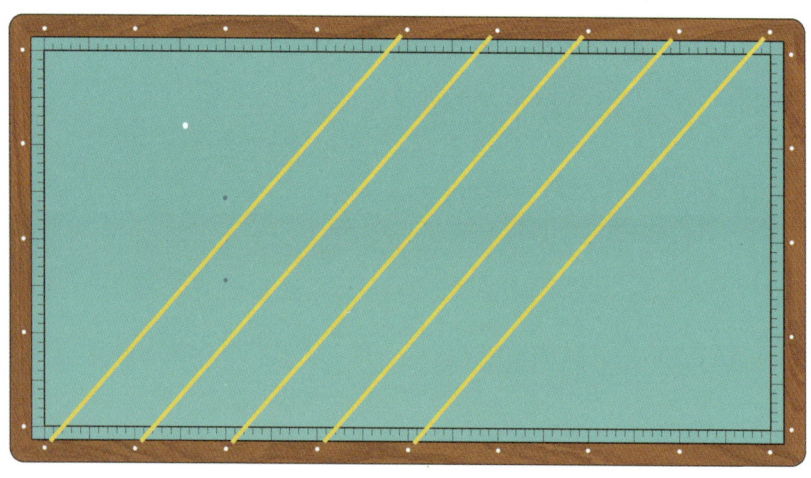

《 각각의 포인트 기울기 각도 》

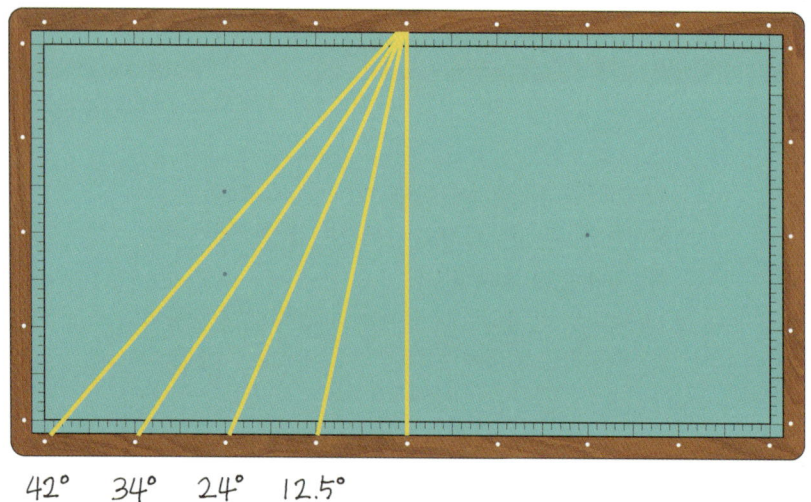

42°   34°   24°   12.5°

≪ 당구상식!! ≫

포인트와 포인트 사이는 생각보다 아주 넓다.
(모든 예시는 일반 국내식 중대를 기준으로 한다.)

약 30cm 이다. (정확히는 30.6cm)

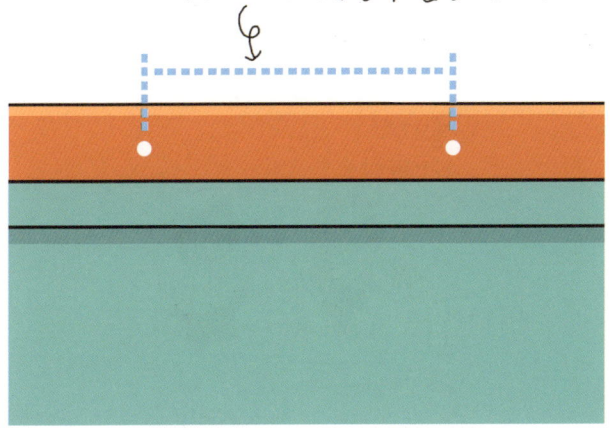

기본적으로 포인트와 포인트 사이는 10등분하여 계산한다.
그러니까 포인트와 똑같은 높이에 가상의 점 8개가
존재하는 것이다.

하지만 초심자에게는 터무니없이 난해한 문제가 되므로
처음에는 아주 단순하게 이등분하여 바라보는 걸로도
충분하며 점차 익숙해지면 이를 또다시 이등분해 주면 된다.
처음부터 10등분 하려다가는 오히려 스트레스만 왕창 쌓여
십 분후 연습 때려 치게 되므로 주의하자!!

무회전 당점의 기본 반사각 익히기

무회전 당점의 기본 반사각 익히기

먼저 반드시 익혀둬야 할 한 가지가 있다.
ⓐ지점에서 ⓑ포인트를 향하여 큐볼을 보냈을 때 무조건 ⓒ지점으로 향할 수 있도록 샷을 컨트롤할 수 있어야 한다.

당점은 정중앙 당점에서 상단 한 팁.
샷의 세기는 2레일 스피드.

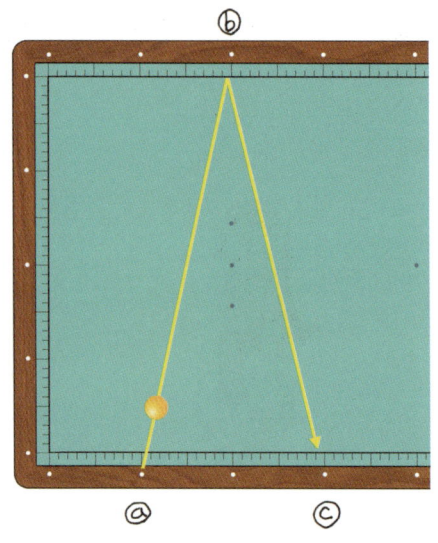

이때 주의할 점은 큐볼이 포인트를 향할 때 반드시 아래쪽 포인트와 위쪽 포인트 선상에 큐볼의 중심점을 정확히 위치시켜야 한다.

사실 무회전 당점은 구사하기 가장 까다로운 당점이다. 중심에서 팁이 1mm만 벗어나도 회전력이 작용하여 반사각에 영향을 주기 때문이다. 이 부분만큼은 연습을 통해 반드시 극복해야 할 당구의 절대과제인 것이다.

《 무회전 당점에 의한 입사각과 반사각의 기준 》

위쪽과 아래쪽 장축의 ⓐ지점을 기준점으로 하여 1포인트 왼쪽으로 이동한 ⓑ지점에서 위쪽 ⓐ지점으로 큐볼을 입사시키면 큐볼은 아래쪽 ⓒ지점에 도착한다.

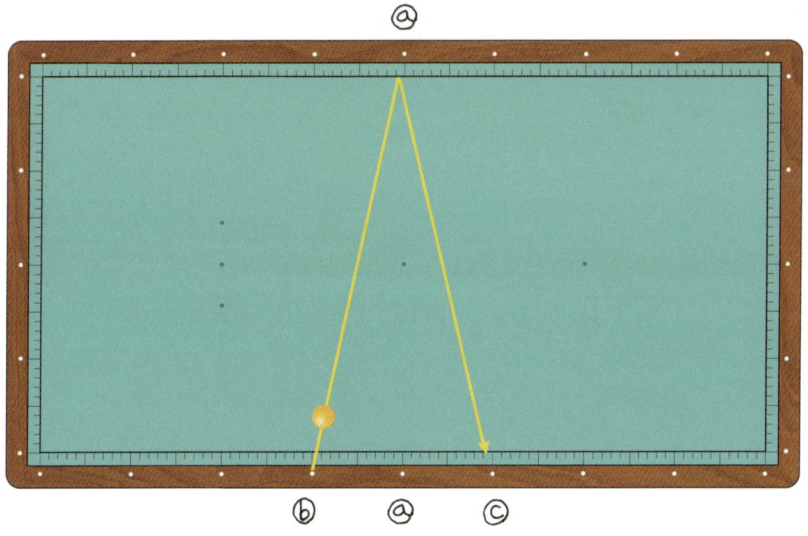

31. 무회전 당점의 기본 반사각 익히기

왼쪽으로 2포인트 이동하여 ⓐ지점으로 큐볼을 입사시키면 아래쪽 ⓐ지점으로부터 2포인트 오른쪽으로 이동한 ⓒ지점으로 도착한다.

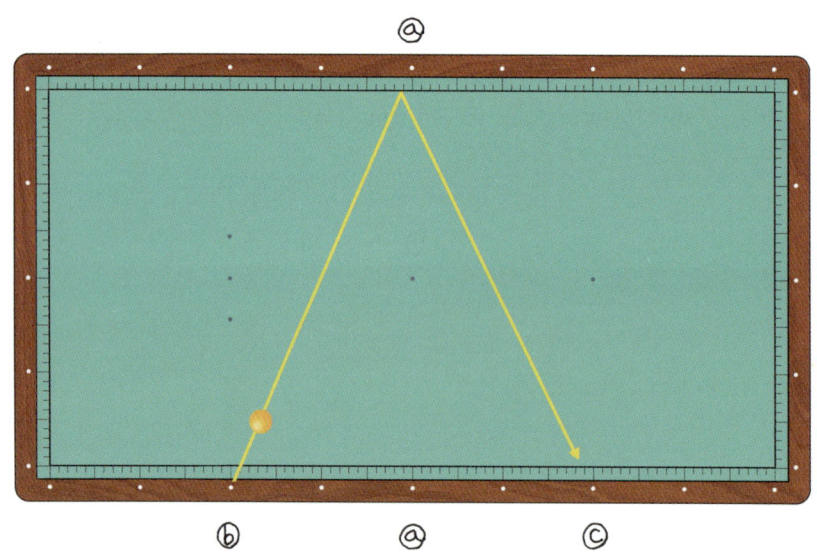

왼쪽으로 3포인트 이동하여 ⓐ지점으로 큐볼을 입사시키면 아래쪽 ⓐ지점으로부터 3포인트 오른쪽으로 이동한 ⓒ지점으로 도착한다.

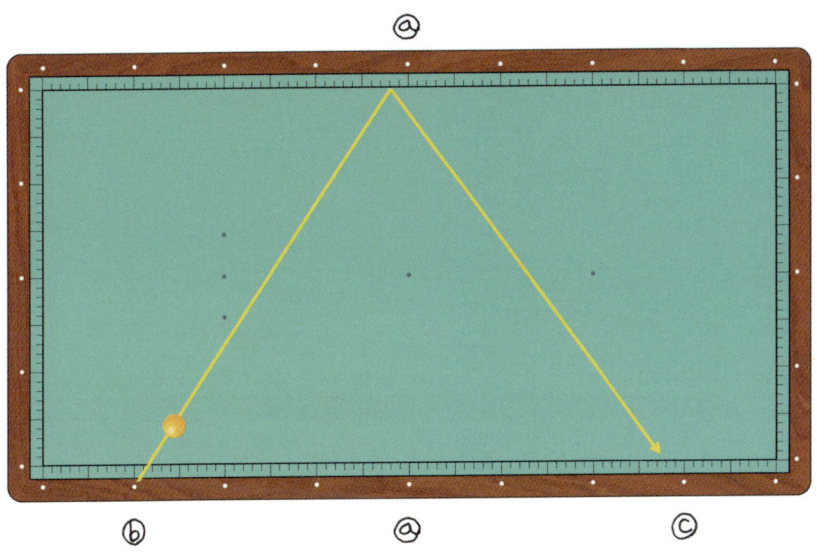

《 1쿠션 무회전 공략방법!! 》

큐볼이 이동하고자하는 거리의 포인트값을 모두 합하여
그 절반에 해당하는 포인트값을 기준점으로 하여 대칭되는
위쪽 장축쪽으로 큐볼을 입사시킨다.

예제 》
다음의 배치도를 무회전 당점을 이용하여 1쿠션으로 공략해 보자.

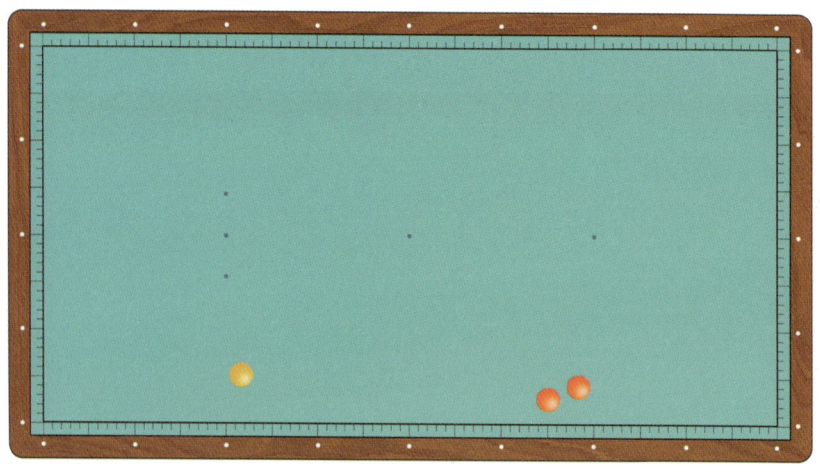

먼저 큐볼의 위치에 따른 포인트값과 득점을 위한
포인트값을 찾아야 한다. 초심자의 경우 가장 어려워하는
부분이기도 하다.

들썩~ 들썩~

{ 큐볼의 위치값 찾기 }

큐볼의 왼쪽 가장자리를 쿠션과 수직으로 연결한 후 이에 해당하는 포인트값이 큐볼의 위치값이다.

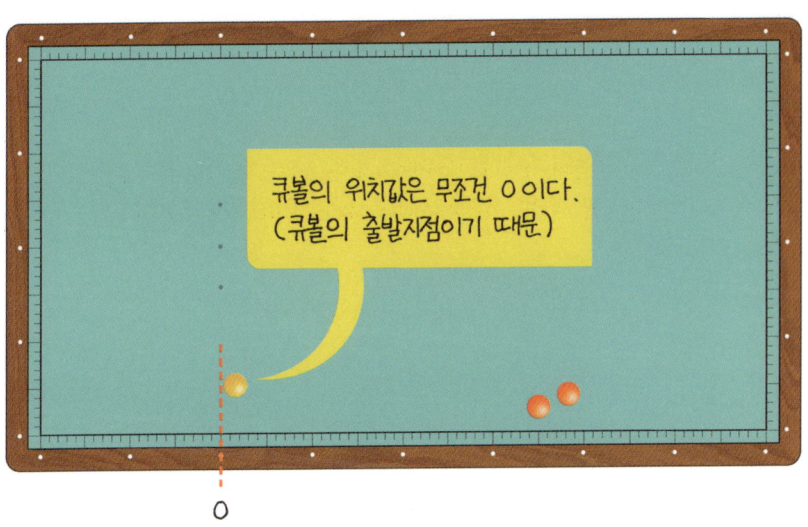

큐볼의 위치값은 무조건 0이다.
(큐볼의 출발지점이기 때문)

0

{ 득점 포인트값(도착 포인트) 찾기 }

득점 가능한 큐볼의 도착지점은 왼쪽 목적구의 오른쪽 끝 부분이다.
왼쪽 목적구의 오른쪽 가장자리를 쿠션과 수직으로 연결하여
이에 해당하는 포인트값이 득점 포인트값이 된다.

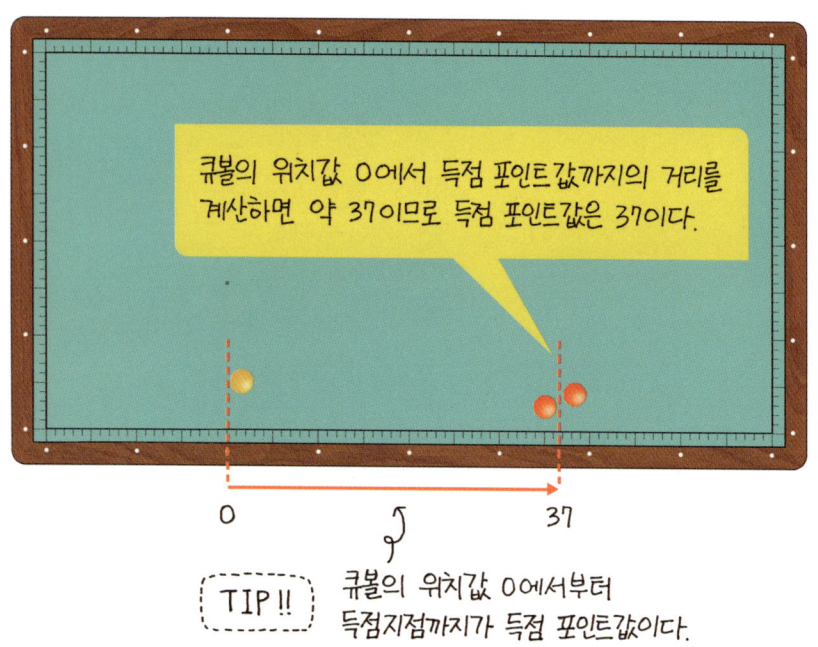

큐볼의 위치값 0에서 득점 포인트값까지의 거리를
계산하면 약 37이므로 득점 포인트값은 37이다.

0   37

{ TIP !! } 큐볼의 위치값 0에서부터
득점지점까지가 득점 포인트값이다.

이제 득점 포인트값 37을 2로 나누어 준다.

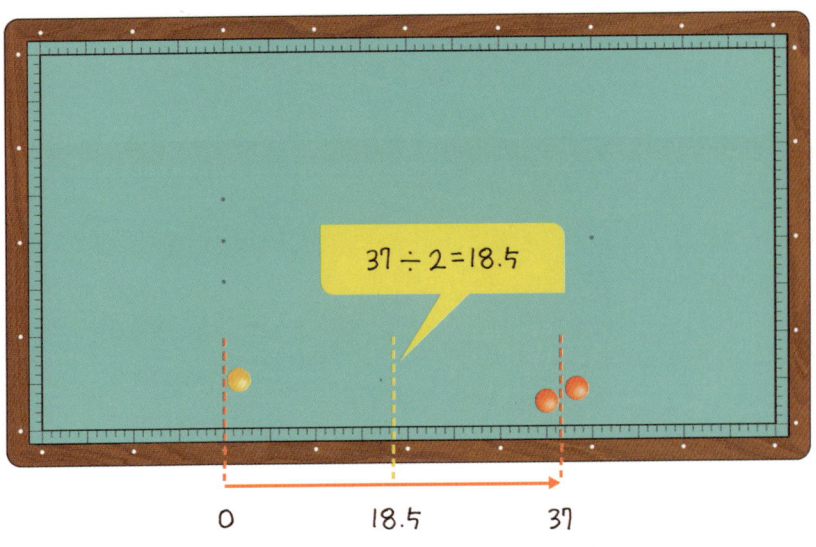

일일이 소수점까지 계산할 필요는 없으며 약 18정도로도 충분하다. 왜냐하면 당구공은 생각보다 크며 그에 따른 득점지점의 오차범위에 약간의 여유가 있기 때문이다.

위에서 구한 18이라는 값을 큐볼의 위치값 0에서부터 계산하여 해당하는 포인트 위치를 찾아 대칭되는 위쪽 장축포인트에 표시해 준다.

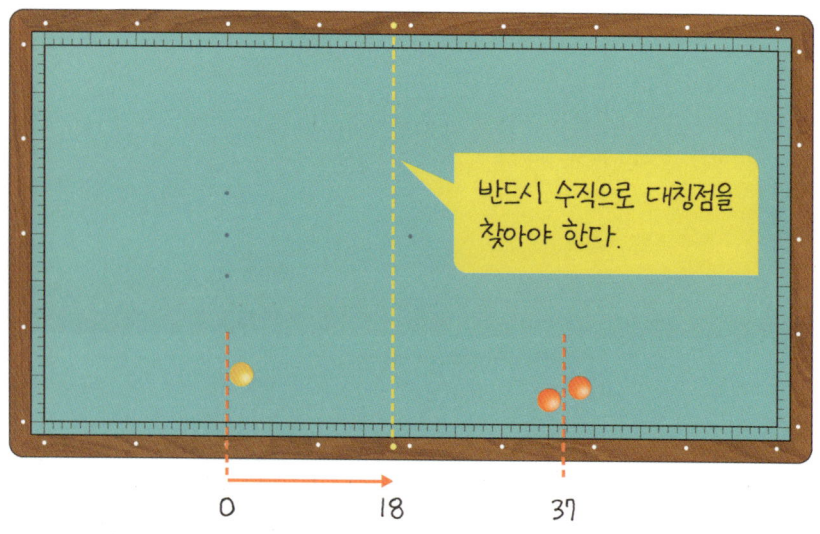

이 지점이 무회전 당점에 의한 1쿠션 뱅크샷 겨냥점이다.

반드시 수직으로 대칭점을 찾아야 한다.

이제 무회전 상단 1팁의 당점으로 겨냥점을 향해
큐볼을 입사시켜 주면 끝!!

대칭점 (겨냥점)

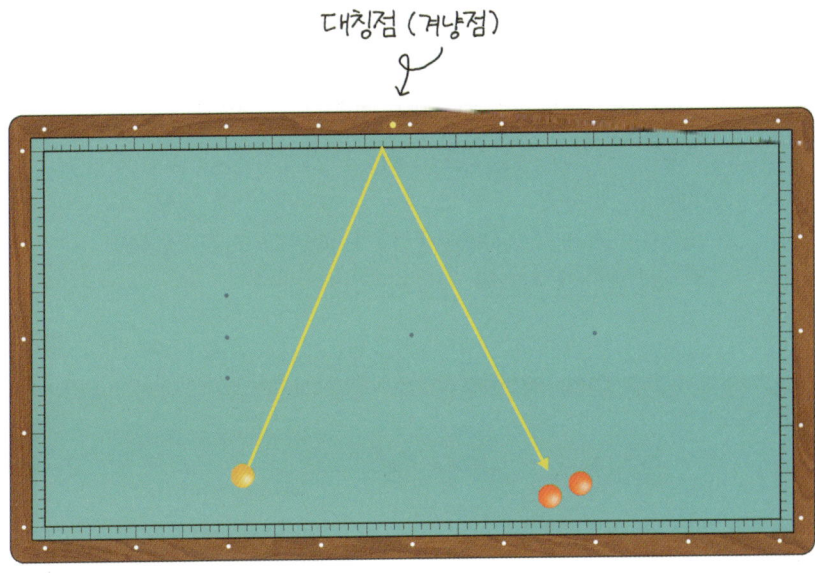

위의 공략방법에는 한 가지 절대 조건이 있다.
큐볼의 위치와 득점지점이 같은 선상에 위치해 있어야 한다는 것이다.
아래의 전개도에서처럼 목적구가 큐볼보다 한참 위쪽에 위치해 있다면 상황은 완전히 달라진다.

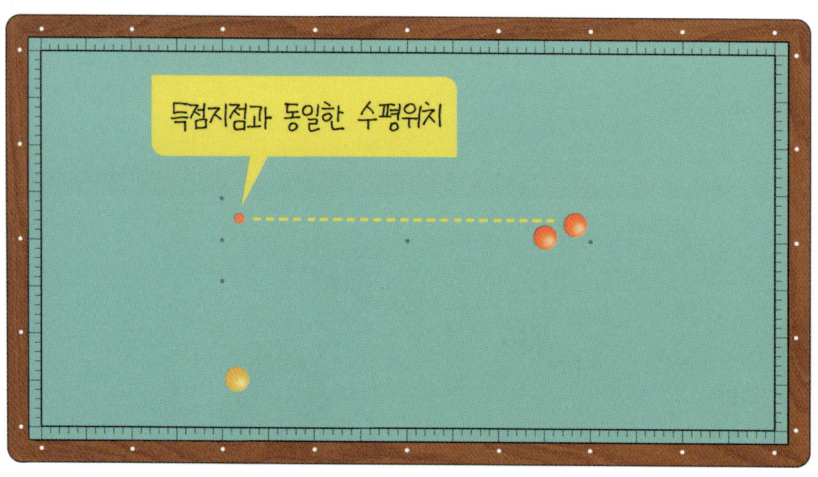

득점지점과 동일한 수평위치

ⓐ는 목적구와 같은 선상에 위치해 있지만 ⓑ는 그보다 한참 아래쪽에 위치해 있다.
이때 큐볼과 목적구와의 장축쪽 포인트 거리가 동일하므로 이전과 동일한 방법으로 계산하여 겨냥점을 찾아 ⓐ, ⓑ 모두 똑같은 겨냥점으로 입사시켜 보자.

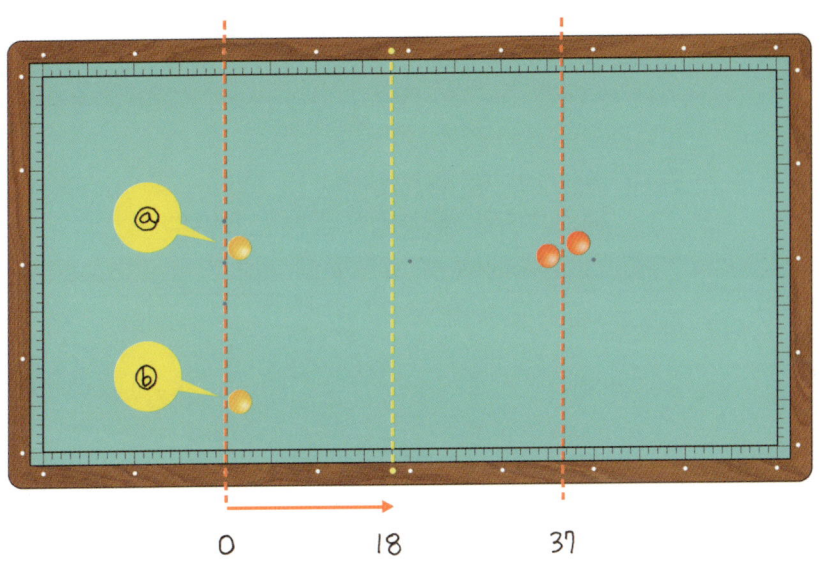

ⓐ는 보란 듯 득점에 성공할 것이며 ⓑ는 참담할 정도로
엄청난 오차를 보이며 득점에 실패하게 된다.

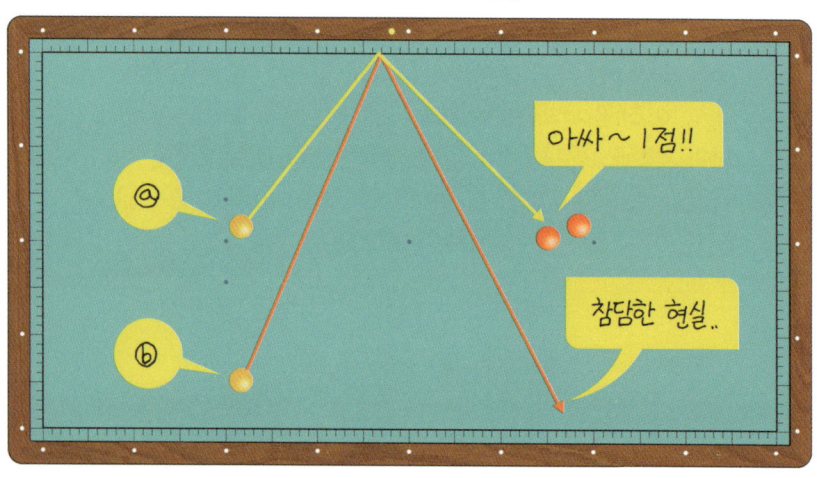

무회전 1뱅크샷의 기본 공략방법은
큐볼의 위치와 득점지점이 수평으로 형성된다.

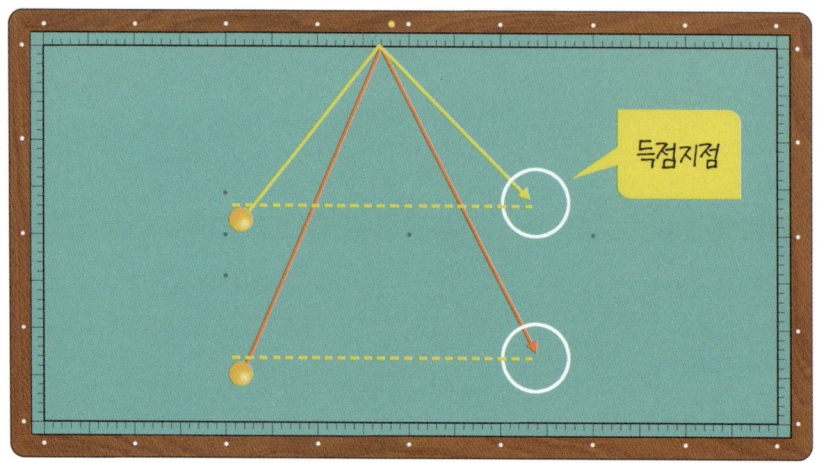

큐볼의 위치와 득점지점 사이에 제2의 간격이
만들어졌기 때문이다.
다름 아닌 단축쪽 포인트 간격이다.
때문에 큐볼과 목적구의 위치가 기본위치에서
어긋나있다면 겨냥점을 보정해 주어야 한다.

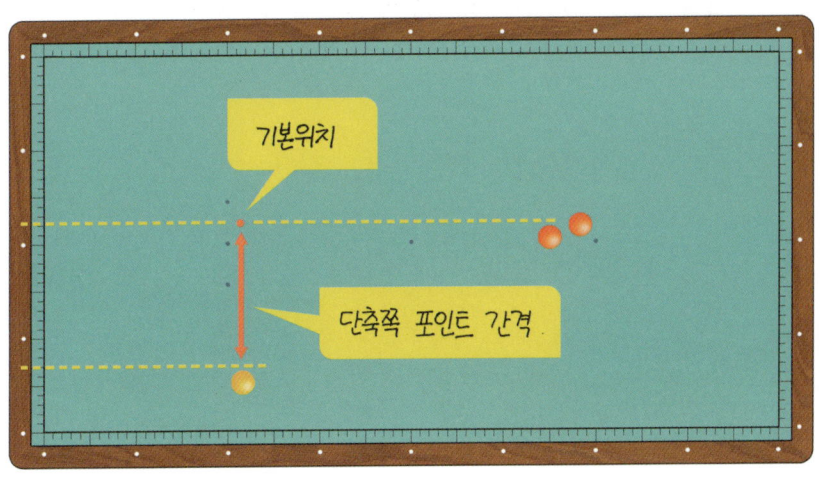

(단축 포인트값을 이용한 보정방법!!)

단축쪽 보정값을 구할 때 까다로운 점은 공식의 가변적 부분이다.
그러나 이를 정확히만 이해한다면 그 순간 당신은 기막힌
마법 하나를 챙기게 된다.

단축쪽 보정값은 10포인트를 기준으로 임의의 보정값을 갖는다.
그리고 그 값은 장축쪽 득점지점값의 변화에 따라 달라진다.

보정값 공식은 다음과 같다.

10 = 1
20 = 2
30 = 3
40 = 4
50 = 5
60 = 6

장축쪽 득점지점값

단축쪽 10포인트
임의의 보정값

나도 외울 수 있겠다~

예제 1 >> 다음 전개도의 장축쪽 득점지점값은 10 이다.

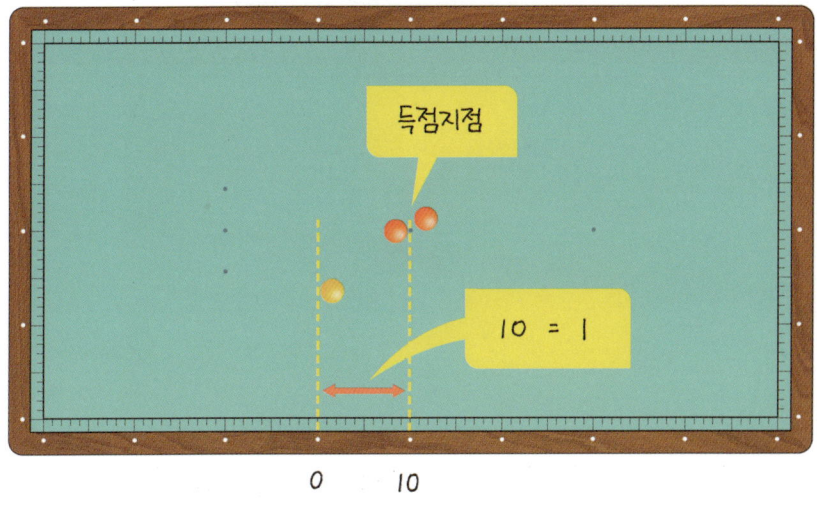

적용 보정값 공식은 10=1 이다.
즉, 단축쪽 10포인트의 기울기는 1의 보정값을 갖는다.

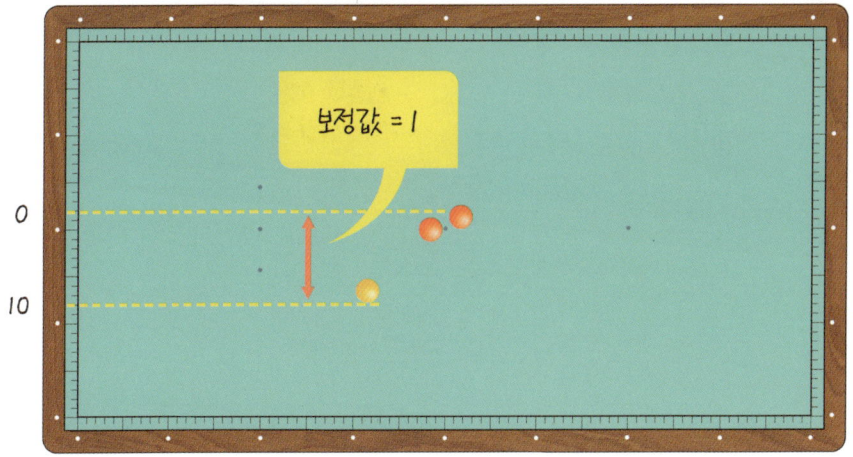

큐볼이 아래쪽으로 더 내려와 단축쪽 기울기값이
20이라면 보정값은 2가 된다.

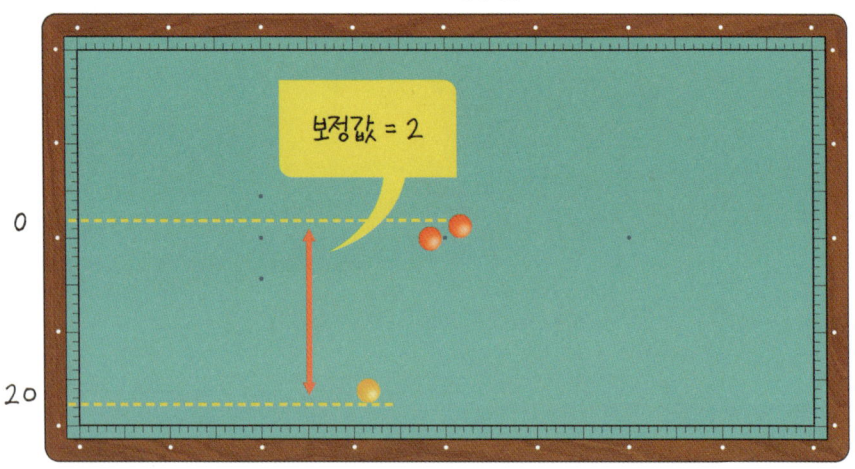

장축쪽 기본 겨냥점값과 단축쪽 보정값을 합해 준다.

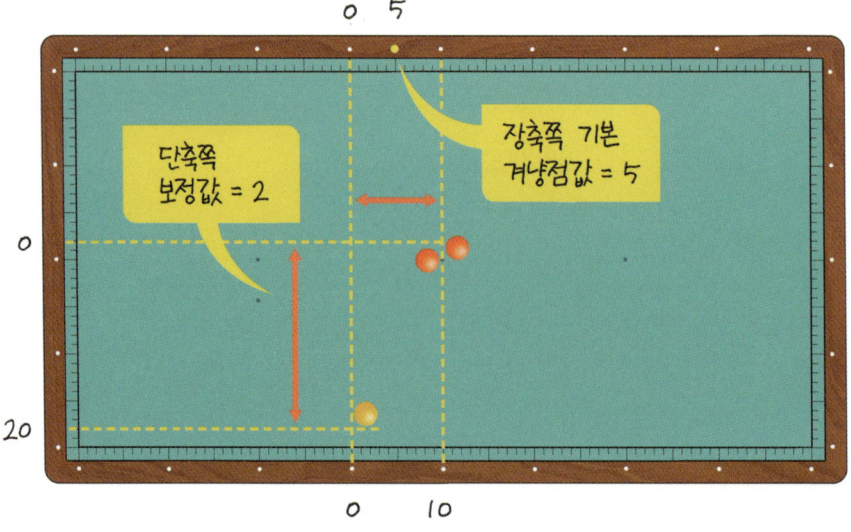

최종 겨냥점값은 7이다.

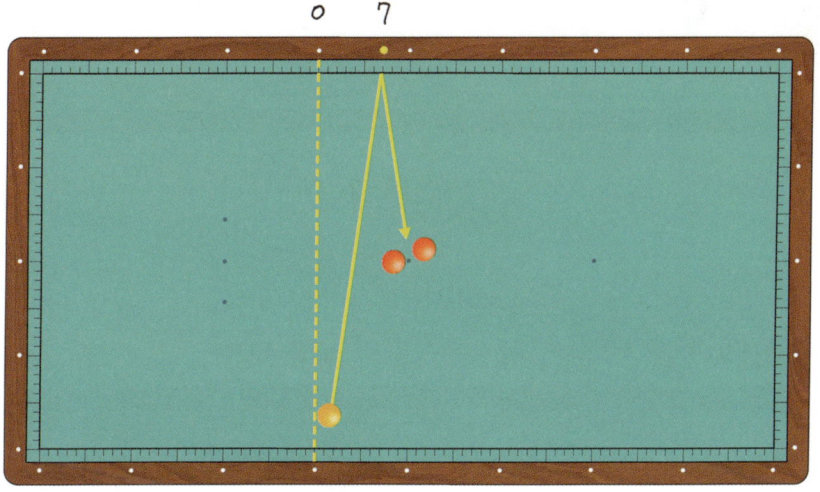

31. 무회전 당점의 기본 반사각 익히기

예제 2 >> 다음 전개도의 장축쪽 득점지점값은 30이다.

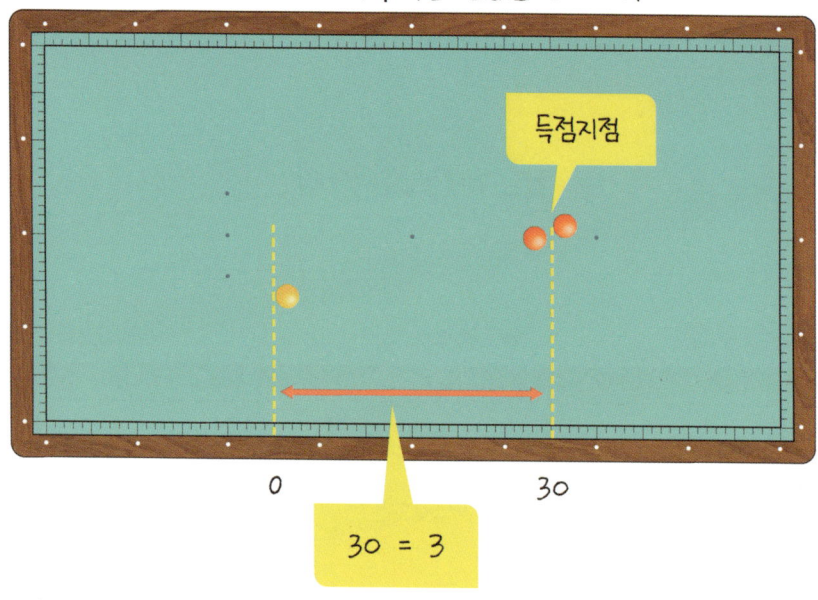

적용 보정값 공식은 30 = 3 이다.
즉, 단축쪽 10포인트의 기울기는 3의 보정값을 갖는다.

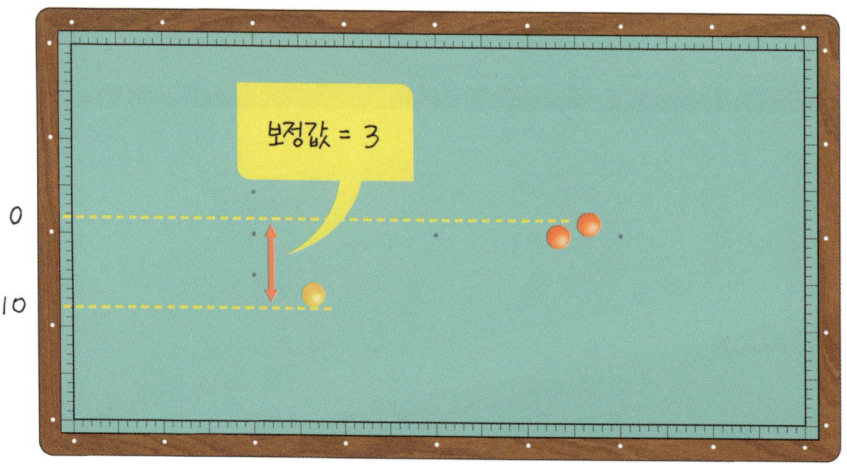

큐볼이 아래쪽으로 더 내려와 단축쪽 기울기값이
20이라면 보정값은 6이 된다.

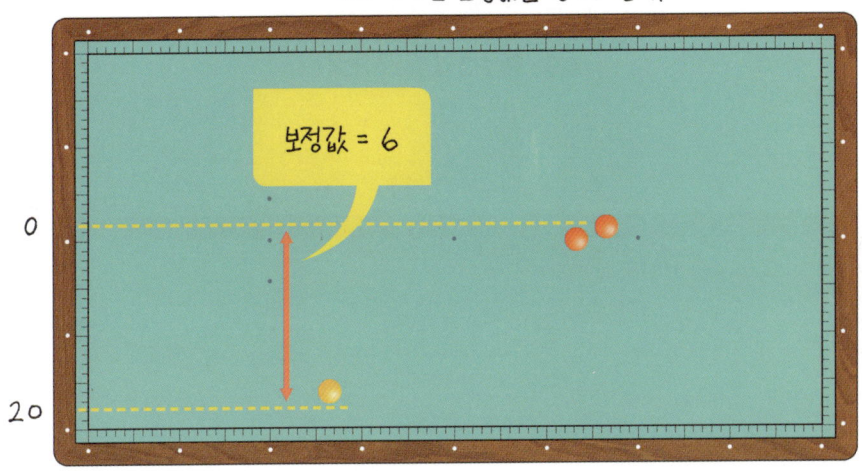

장축쪽 기본 겨냥점 값과 단축쪽 보정값을 합해 준다.

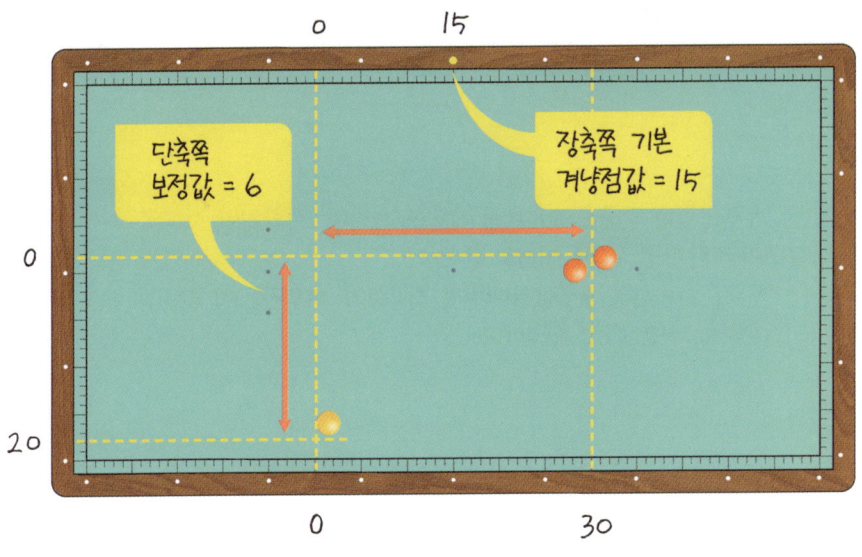

최종 겨냥점값은 21이다.

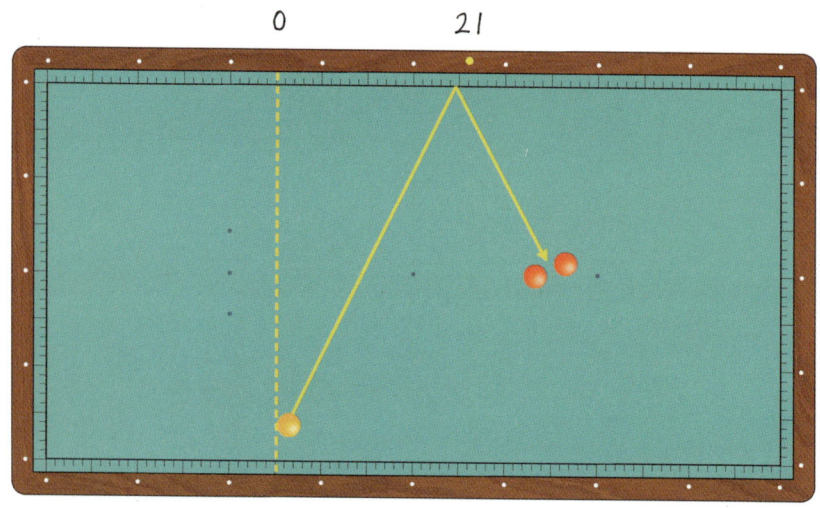

보정방법이 조금은 까다로울 수도 있겠지만 정확히만
이해한다면 전혀 어려울 것 없다.
단지 가변적인 보정값 때문에 착각하기 쉬우므로 이 부분만
주의한다면 마법 완성이다.

여기까지는 나름 쉽다.
문제는 장축쪽 득점지점값이 60을 넘어갈 때이다.
이때의 보정값은 느닷없이 완전 까다로워진다.

왜냐하면 이 부분이 당구에서 가장 난해한 부분이기 때문이다.

입사각의 특이점

무회전 당점의 기본 입사각과 반사각을 다시 한 번 더 숙지하자면 다음과 같다.

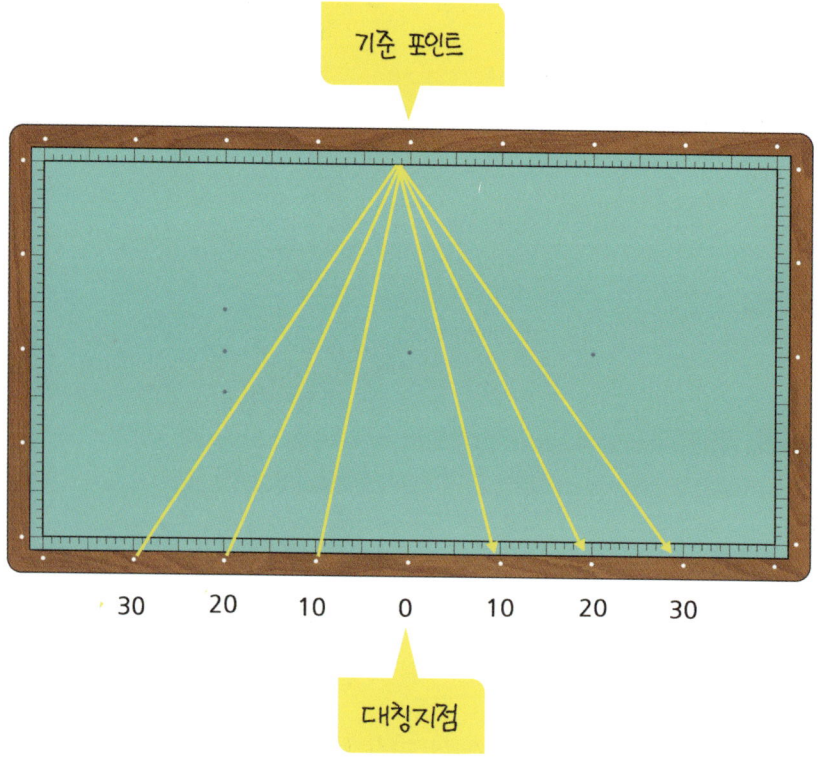

기준 포인트와 대칭되는 포인트를 0으로 했을 때 각각 똑같은 비율로 입사각과 반사각이 만들어진다.

이쯤에서 돌발 퀴즈 한개!!

코너쪽 포인트에서 큐볼을 보내면 어디로 갈까?

기준 포인트

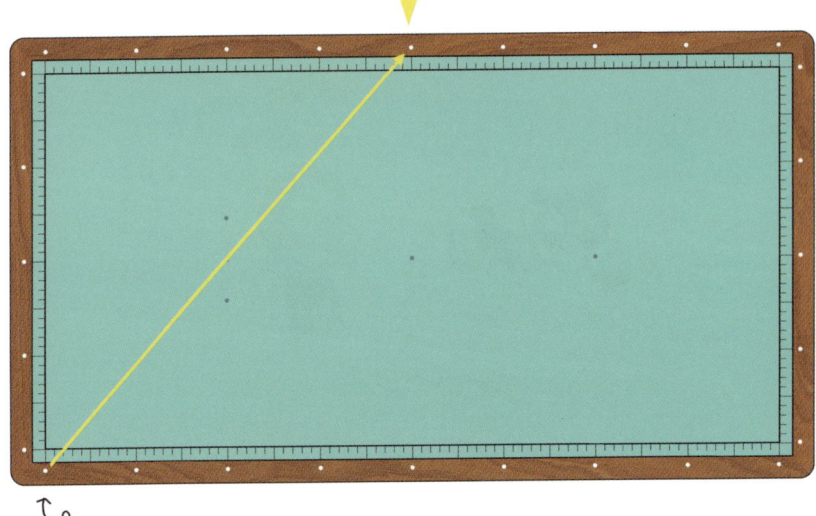

바로 요기서~

31. 무회전 당점의 기본 반사각 익히기

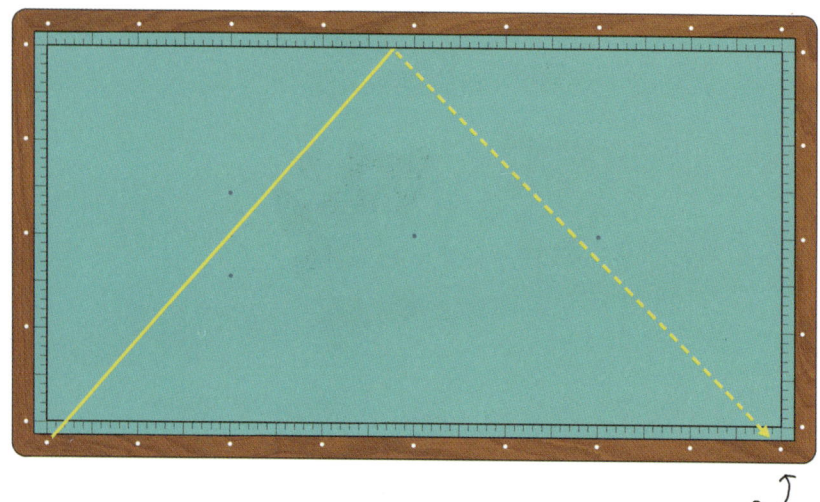

어처구니없게도 큐볼은 코너쪽을 한참
지나치다 못해 엉뚱한 단축쪽으로 향한다.

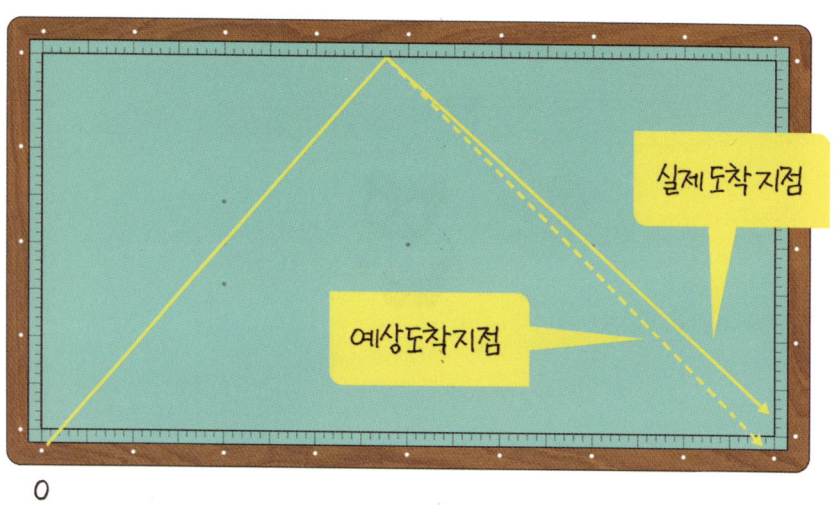

입사각의 특이점인 40°를 넘었을 때 나타나는 현상이다.
마치 블랙홀에 끌려가듯 생각보다 훨씬 더 길어진다.

이유는 코너쪽 포인트와 기준 포인트와의 입사각은 42.5°, 즉 입사각의 특이점인 40°를 넘는 각이기 때문이다.

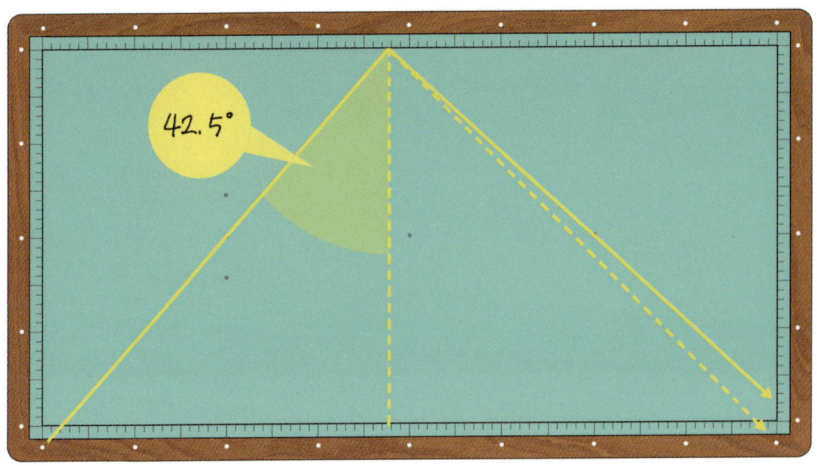

예제 1 》

아래의 전개도를 보자.

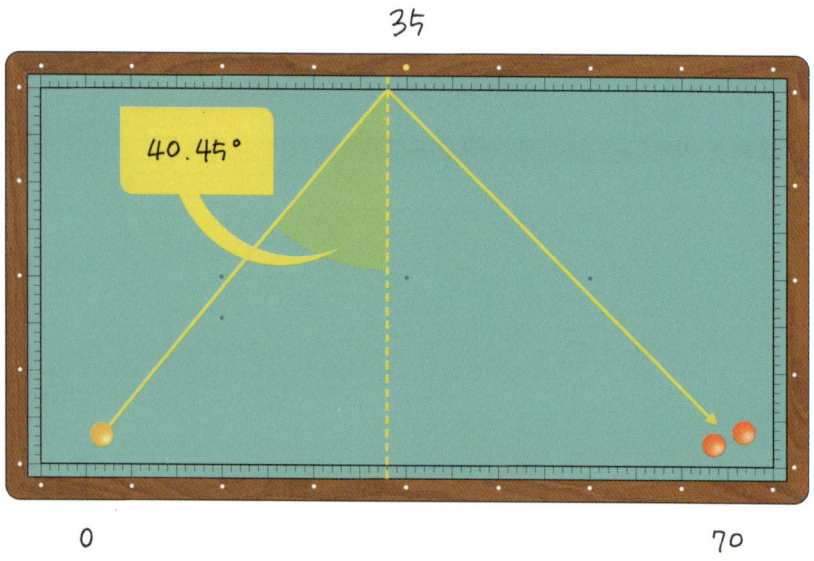

득점지점값에 따른 겨냥점값은 35이며 입사각은 40.45°이다.
큐볼의 입사각이 특이점인 40°를 살짝 넘었다.
아슬아슬하게 성공할 수도 있지만 실패할 확률도 그만큼 높아지는
까다로운 배치이다.

예제 2 >>

이번엔 보정값까지 추가했다.

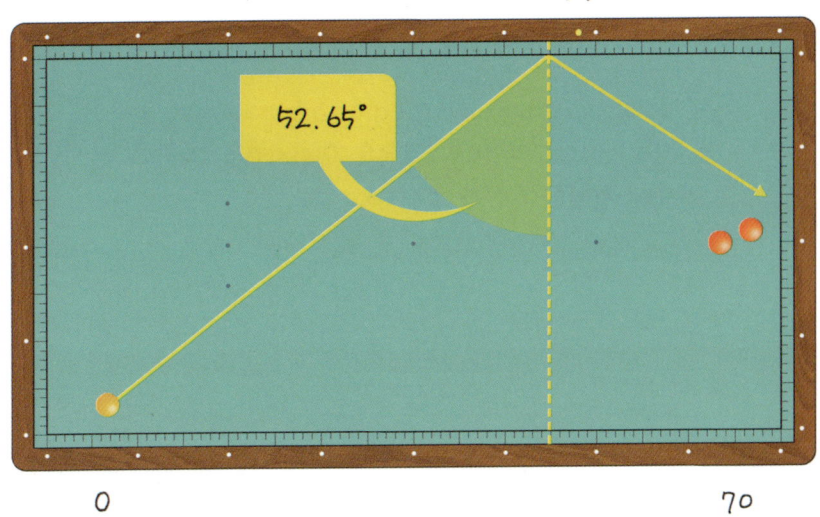

문제는 더욱 심각해진다. 입사각이 무려 52.65°.
결국 큐볼의 도착지점은 누구도 상상하지 못한
미지의 세계가 되는 것이다.

……

TIP!!

1 뱅크샷을 구사할 때는 보정값에 의해
달라지는 큐볼의 입사각을 꼼꼼히
체크해 주어야 한다.

《 입사각의 절대값 》

입사각의 절대값이란 입사각과 반사각이 동일하게
만들어지는 최대 한계값을 말한다.

장축 첫 번째 포인트에서 2포인트 이동한 지점으로부터
위쪽 장축 가운데 포인트로 큐볼을 입사시켰을 때
그 각도는 정확히 40°를 이룬다.
입사각과 반사각의 절대값이므로 꼭 기억해 두자.

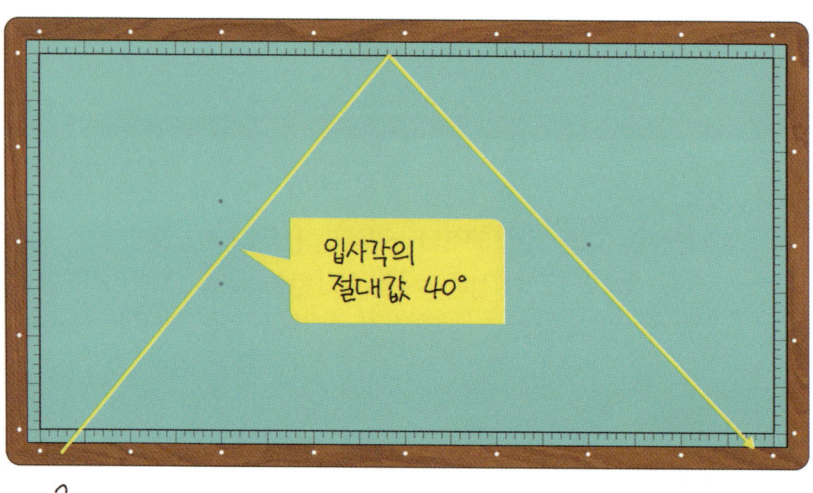

2

혹자는 이렇게 말한다.

40°가 넘는 입사각에서는 샷을 좀 더 세게 구사하면 얼마든지 반사각을 짧게 만들 수 있지요.

물론 그렇지만 이는 대단한 고수에게나 어울릴법한 수법이며 초심자에게는 달랑 한 가지 레일 스피드 컨트롤만도 벅차다. 강속구 투수에게 지금 당장 변화구를 구사하라는 것과 다름없는 것이다.

방금 부화한 새끼 새는 어째서 지금 당장 날 수 없는 걸까요?

가급적 뱅크샷의 세기는 항상 일률적인 레일 스피드로 구사하는 것이 입사각과 반사각을 이해하는 데 훨씬 도움이 된다. 샷의 변화는 그 다음의 일인 것이다.

당구 단상

1쿠션 치기를 구사할 때의 당점은 크게 두 가지로 나뉜다.
무회전 당점과 횡회전 당점이다.
무회전 당점의 공략 포인트는 $\frac{1}{2}$ 두께와 당점의 상,하 조절이다.
제1목적구를 겨냥하는 두께는 항상 일정하게 잡고 당점의
상,하 조절만으로 원하는 반사각을 만드는 방법이다.
이는 플레이어에게 하나의 커다란 고민거리를 제거해 준다.
바로 제1목적구의 두께 설정이다.
달라지는 공들의 위치마다 일일이 그 두께를 설정해줘야 한다는
것이 얼마나 짜증나는 일인지 당신도 알고 있다.
$\frac{1}{2}$ 두께에서의 무회전 상,하 당점에 따른 분리각은 그 값이
정해져있으므로 원하는 지점으로 보내기 위해 필요한 당점만
정확히 설정해 주면 된다.
당점이라는 한 가지 요소에만 집중할 수 있는 것이다.

그에 비해 횡회전 공략방법은 아주 고약하다.
당점뿐만 아니라 두께까지 고민해야 되기 때문이다.
무회전 당점은 입사각이 작든 크든 언제나 입사각에 비례하는
만큼의 반사각이 만들어진다.
하지만 횡회전은 아주 작은 입사각에도 터무니없이 반사각이 커진다.
아무리 고점자라고 횡회전을 사용하려 한다면 그만큼 집중력이
더 필요한 것이다.

고민해야할 것이 한 가지 더 있다는 것은 플레이어의
집중력을 떨어지게 만든다.
때문에 캐롬샷이든 1쿠션 뱅크샷이든 무회전 당점으로
공략하는 방법을 익혀두면 훨씬 더 안정된 플레이를 할 수 있다.
득점에 필요한 기술은 아주 단순하다.
눈이 튀어나올 정도의 엄청난 기술이 결코 아니다.
당구를 배우고자 결심한 당신,
지금 당신이 해야 할 일은 오직 한 가지
큐볼을 무회전 당점으로 보내는 것뿐이다.

반사각에 숨겨진 비밀

반사각에 숨겨진 비밀

먼저 무회전 당점에 의한 1뱅크샷의 핵심을 정리해 보면 다음과 같다.

큐볼과 득점지점 사이의 포인트값을 $\frac{1}{2}$로 나눈 다음 그 값에 해당하는 지점의 대칭점(위쪽 장축포인트)을 겨냥점으로 한다.

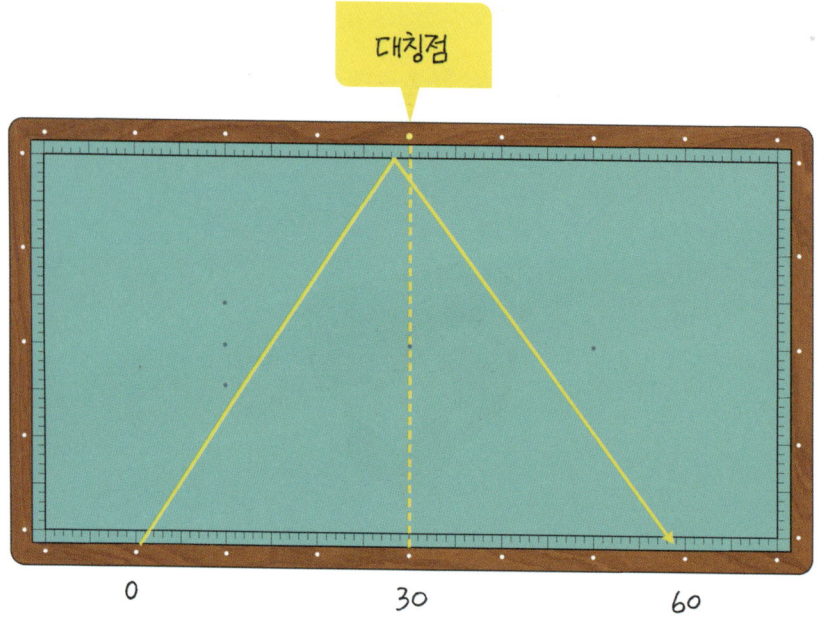

무회전 당점에서는 큐볼의 입사각과 반사각이 똑같으므로 득점지점값의 $\frac{1}{2}$을 겨냥점으로 할 때 왼쪽은 입사각, 오른쪽은 반사각이 되는 아주 단순한 원리이다.

그런데 위의 전개도 속에는 한 가지 흥미로운 사실이 숨어있다.

다름 아닌 큐볼이 위쪽 장축과 만나는 접점이다.
접점은 곧 입사각과 반사각을 결정짓는 법선의 위치이기도 한 것이다.
이제 이 접점지점에서 입사각과 반사각을 계산해 보자.
과연 입사각과 반사각은 똑같을까?

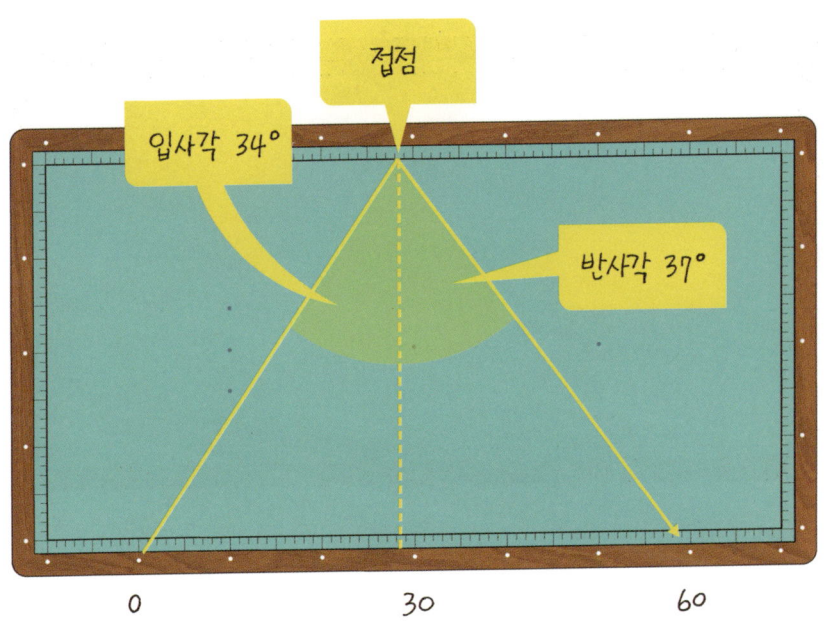

만약 입사각과 반사각이 정말 동일하다면 큐볼의 도착지점은
아래쪽 장축 57포인트 지점에 도착해야 한다.
하지만 큐볼은 3포인트 더 늘어난 60포인트 지점으로 향한다.

반사각이 훨씬 더 큰 것이다. 아주 이상한 일이다.

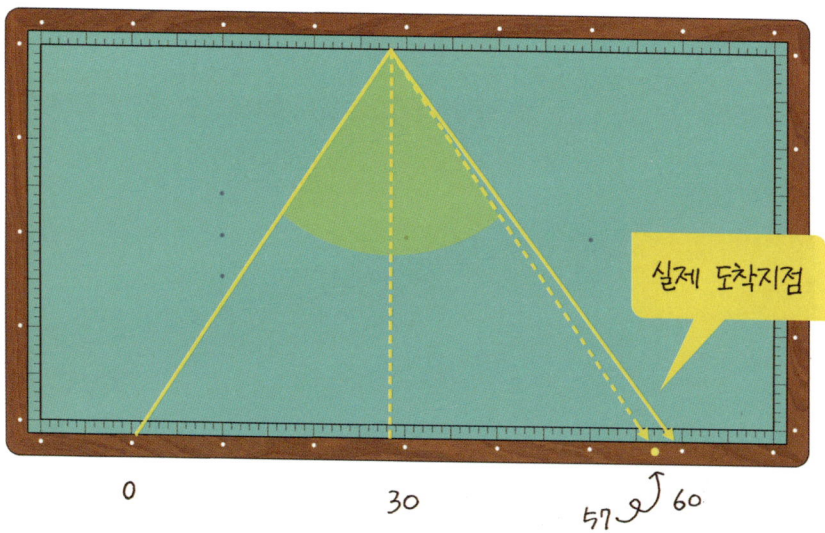

법선을 무시하고 겨냥점을 기준으로 하여 계산해 보자.

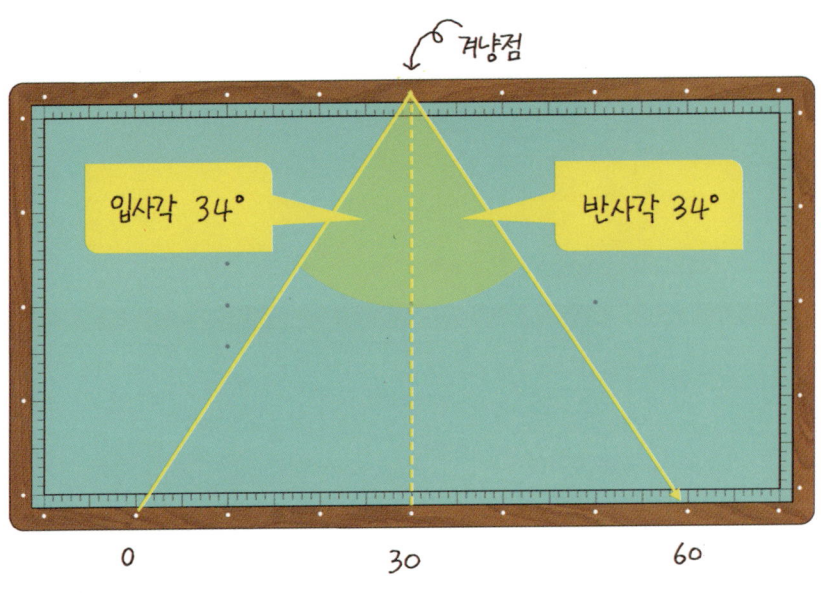

정말 이상한 일이다.
입사각과 반사각이 똑같다.

> 큐볼의 크기와 무게

당구공은 질량 덩어리이다.
이는 곧 필연적으로 크기와 무게를 지닌다는 뜻이다.

다음의 전개도를 살펴보자.
3쿠션 게임에서 1뱅크 걸어치기로 멋지게
득점할 수 있는 배치이다.
제1목적구도 쿠션에 가깝게 붙어있어 완전 쉬워 보인다.

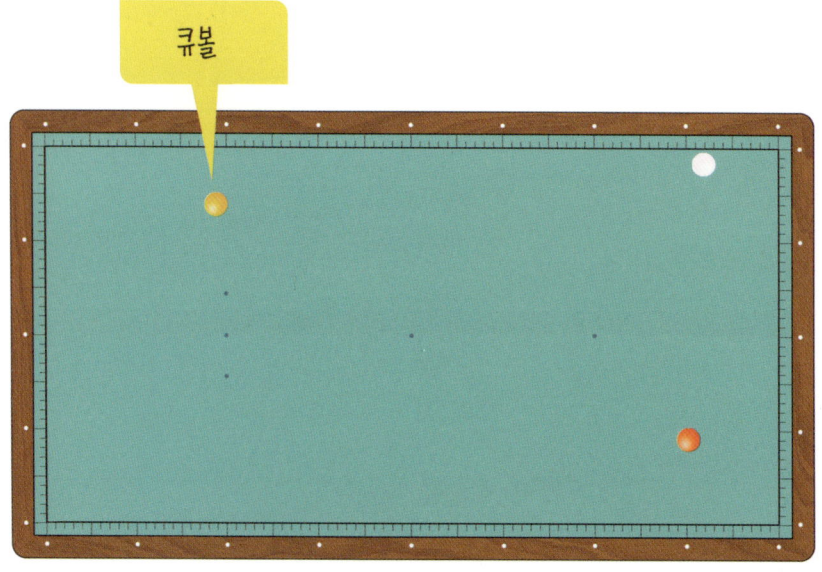

그런데 정작 구사해보면 허망하게 실패하고 만다.
제1목적구의 두께가 너무 얇았어!!
라며 심장을 부여잡지만 때는 이미 늦었다.

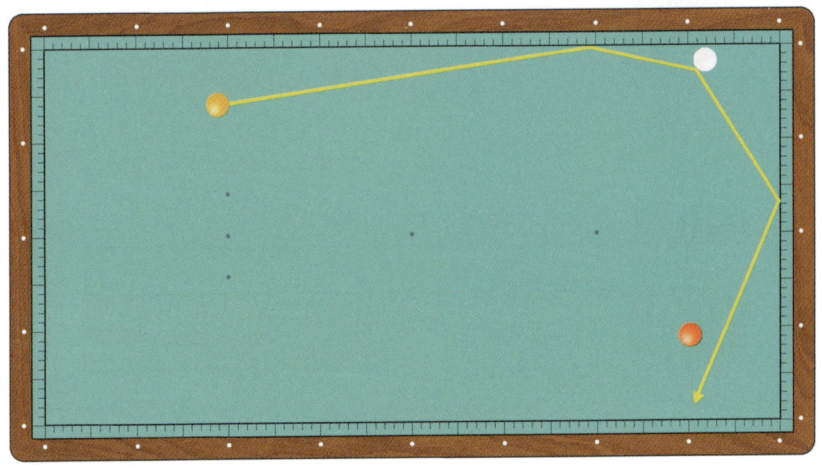

제1목적구가 두껍게 맞을 수 있도록 바로 앞쪽을
겨냥했음에도 어째서 얇게 맞는 것일까?

일반적으로 1뱅크샷의 겨냥점을 찾을 때 플레이어는 큐볼의 동선을 가느다란 선으로 인식하여 그 입사각과 반사각을 설정한다.

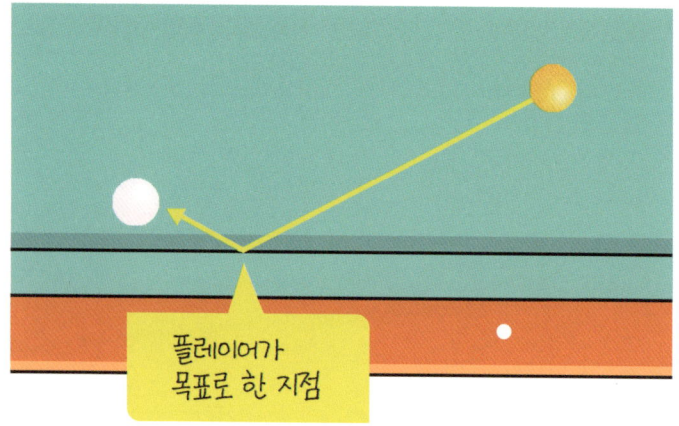

플레이어가 목표로 한 지점

설정한 겨냥점으로 큐볼이 정확히 도달하기만 하면 아무런 문제가 없겠지만 안타깝게도 큐볼은 플레이어가 목표로 한 지점에 결코 도달할 수 없다.

당구공은 61.5mm (3구의 경우)라는
크기를 지니고 있기 때문이다.

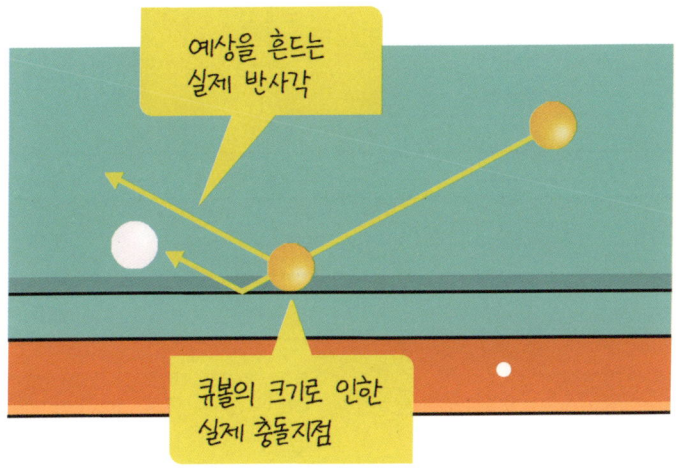

공의 크기를 무시하고 단지 겨냥점만을
실제접점이라 착각하면 심장에
무리가 온다는 사실을 꼭 기억하자!!

TIP!!

제1목적구가 쿠션에 가깝게 붙어있을 때의 겨냥점은 쿠션이 아닌 제1목적구 자체에 있다!!

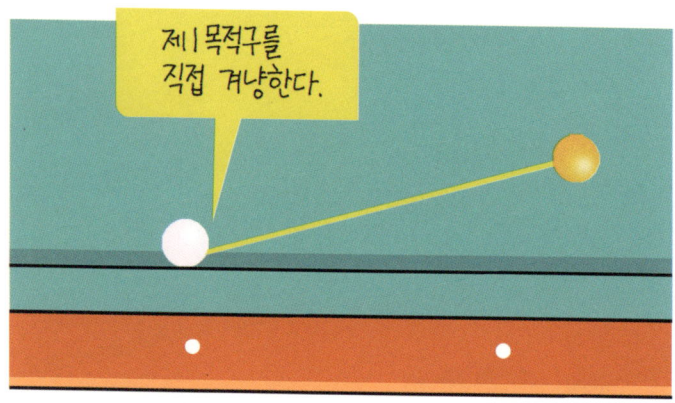

위의 방법은 큐볼의 입사각도가 클 경우의 공략방법이다.
입사각이 이전보다 작다면 위의 공략방법만으로는 2% 부족하다.
큐볼을 여러 각도로 배치시켜 가며 그 차이점을 찾아보자!!

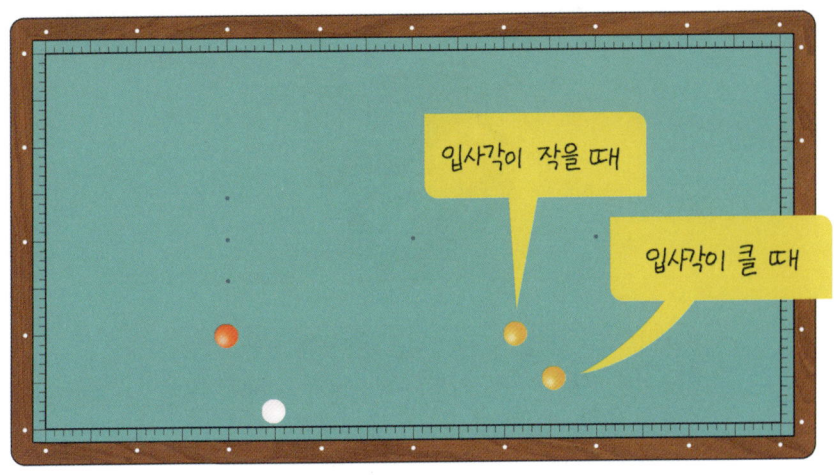

입사각이 커질수록 겨냥점은 제1목적구의 안쪽으로,
입사각이 작아질수록 제1목적구의 바깥쪽으로 이동시켜 준다.

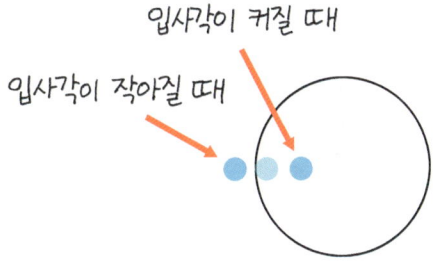

32. 반사각에 숨겨진 비밀

큐볼의 무게

일반적으로 클럽에서 사용하는 당구공 (3구기준)은
새 공의 경우 약 212g 정도이다.

하지만 이 무게는 언제까지고 유지되는 것은 아니다.
당구공의 사용기간이 늘어날수록 마모가 심해지면서
그 무게 또한 계속해서 줄어든다.
심지어 10g 이상 차이나는 공들도 있다.
물론 그 크기 또한 줄어든다. 61mm... 60.5mm... 60mm...

아.. 간달프...

규정을 살펴보면 (3구기준) 당구공의 크기는 61mm~61.5mm로, 무게는 205g~220g으로 지정하고 있는데 여기에는 그럴만한 이유가 있다. 반사각이 비정상적으로 만들어지기 때문이다.

당구공의 무게와 크기는 반사각을 표현하는 데 있어 너무나도 중요한 요소인 것이다.

법선을 기준으로한 반사각의 특징은 입사각보다 반사각이 조금 더 크다. 당연한 결과이다. 구체(원형체)가 충돌할 때 그 $\frac{1}{2}$에 해당하는 무게는 이미 법선을 통과한 상태이다.

무게는 힘과 비례한다.
법선을 통과한 직진력이 최초 진행방향 쪽으로 반사각을 끌어당기기 때문이다.

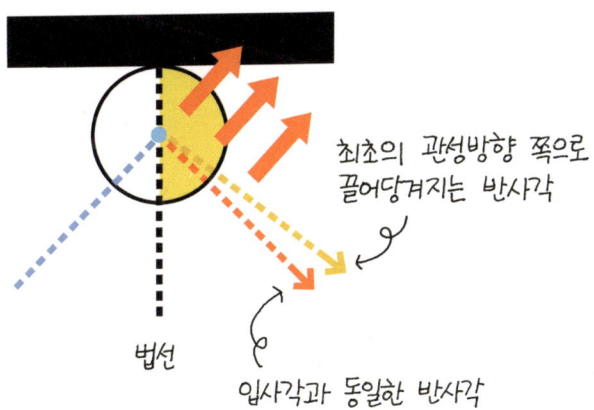

이는 온전히 당구공의 무게에 의해 나타나는 현상이다.
만약 규정보다 가벼운 당구공이라면 쿠션의 반발력을
이기지 못하고 그냥 튕겨져 나간다.
반사각 자체가 무의미해지는 것이다.
때문에 당구공의 크기와 무게의 중요성은 백번을 강조해도
부족하다 하겠다.

큐볼의 접점에서 2% 부족했던 반사각은 큐볼의 크기와
무게에 따른 변화까지 생각해 주는 포인트라는 마법의
흰색 점에 의해 마침내 완벽한 모습으로 판타스틱하고
익사이팅한 당구의 세계를 펼치게 된 것이다.

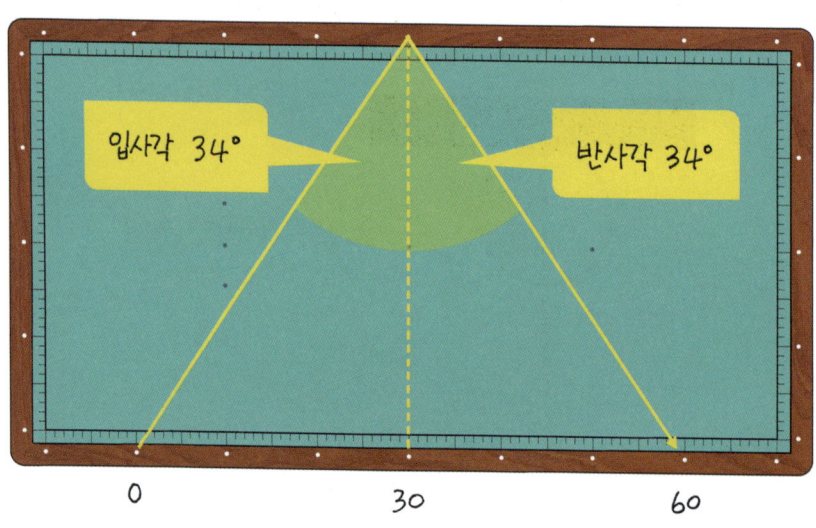

너 말이야, 그냥두면
안 되는 녀석이없군!!
　　　마구 써먹어 주겠어!!

포인트를 못살게 굴수록 당신의
당구실력은 나날이 업그레이드 된다!!

목적구가 쿠션에 가까이 위치할 때는 이전과 같은 복잡한 계산방법보다 좀 더 심플한 방법을 이용하여 겨냥점을 찾을 수 있다.
쿠션끝선에 마법의 거울을 배치하여 그 거울속에 비춰진 득점지점을 겨냥한다.

빛의 반사법칙을 이용한 방법이다.

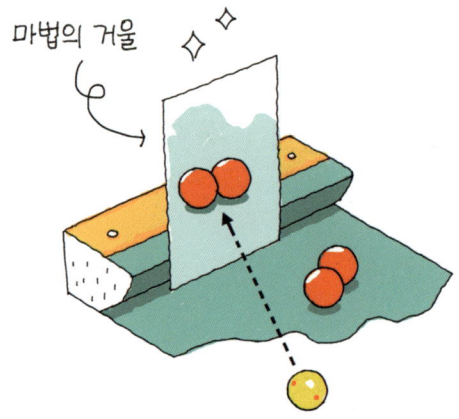

거울에 비친 공은 실제 공에서 거울을 향해 입사한
빛의 반사에 의해 만들어진 상이다.

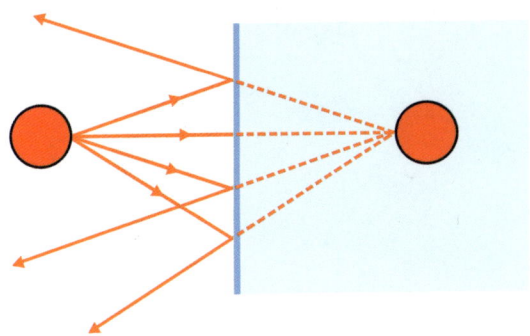

때문에 반사되어 나온 빛의 방향을 큐볼이 거꾸로
거슬러 올라가면 실제 공에 도달하게 되는 것이다.

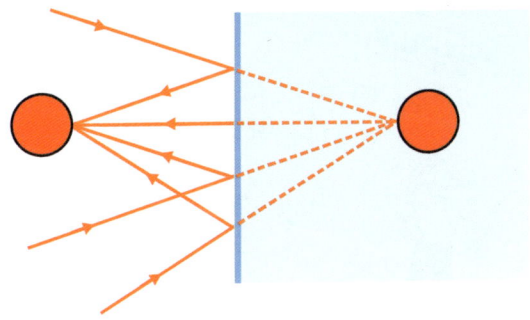

하지만 이 방법은 마법 능력이 해리포터쯤은 되어야
제대로 써먹을 수 있다는 불편한 진실...

32. 반사각에 숨겨진 비밀

흐르는 강물을 거꾸로 거슬러
오르는 연어들의 도무지 알 수 없는
　그들만의 신비한 이유처럼~

쓸쓸하지만 어쩌겠는가.
마법의 거울이 그려지는 그날까지
부지런히 발품을 팔아 보자.

동작 봐라,
　해 떨어지기 전에
　　쳐 보기나 하겠어?

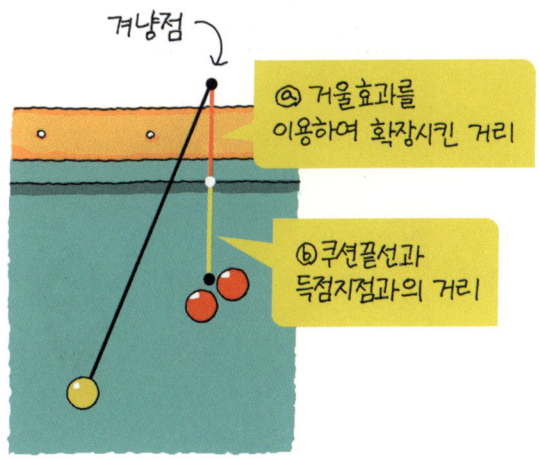

거울효과를 이용할 때의 가장 큰 문제점은 겨냥점이 허공에 찍힌다는 점이다.
흔들리는 멘탈...

32. 반사각에 숨겨진 비밀

다음과 같은 공배치가 떴다면!!

① 무조건 목적구 위치로 달린다.

② 쿠션끝선과 득점지점 사이의 거리를 계산한다.

반드시 쿠션쪽에서 바라보며 계산한다.

③ 반대쪽으로 같은 거리만큼 확장하여 가상의 점을 찍는다.

거울효과를 이용하여 확장시킨 거리

가상의 점을 득점지점과 정확한 대칭위치에 찍어 준다.

32. 반사각에 숨겨진 비밀 189

④ 가상의 점과 큐볼을 직선으로 연결한다.

큐를 이용하여 최대한 직선으로 연결시켜준다.

⑤ 연결선과 일치하는 포인트값을 찾는다.

이 포인트 값이 실제 겨냥점이다.

⑥ 재빨리 큐볼의 위치로 돌아가 방금 전 찾아 둔 포인트값을 겨냥하여 큐볼을 보낸다.

괜히 밤품 공략기가 아니다.
그렇지만 그 결과는
아주 달콤하다는 것.

초심자에게는 아무리 쉬운 방법도 어렵기는 마찬가지이다.
따뜻한 커피 한 잔으로 마음의 여유를 갖자.

1쿠션 치기

고점자의 경기를 보고 있자면 심장이 요동친다.
군더더기 없는 깔끔한 샷으로 무섭게 연타를 날려 대는 그들이란...
심지어 큐볼이 테이블을 두 바퀴씩이나 돌아
득점되는 장면에서는 할 말을 잊고 만다.

그 파워 넘치는 샷은
차치하고라도 어떻게
두 바퀴씩이나 돌아오면서도
각도하나 틀어지지 않는지 불가사의할 뿐이다.
그렇다고 좌절할 필요는 없다.
우리도 열심히 연습하면 머지않아 두 바퀴는 아니더라도
한 바퀴쯤은 거뜬히 돌아와 득점시킬 수 있을 테니까 말이다.

> 모든 쿠션치기의 기초가 되는 1쿠션 치기

어떤 현란한 테크닉의 샷이라도 그 시작은 1쿠션이다. 때문에 1쿠션을 정확히 구사할 수 있게 되면 그 다음 단계는 완전 흥미진진해진다.

3쿠션도 그 시작은 1쿠션~

《 기본 당점 》

1쿠션샷에서 사용하는 기본 당점은 무회전 상단 1팁, 혹은 2팁으로 한다.
팁 설정은 큐볼을 얼마나 잘 굴려줄 수 있느냐에 따라 약간 다르다. 팔로우 샷(follow shot)이 안정적이라면 1팁으로도 충분하지만 아니라면 팁을 더 주는 것이 유리하다.
(구름관성을 보충해 주기 위함.)

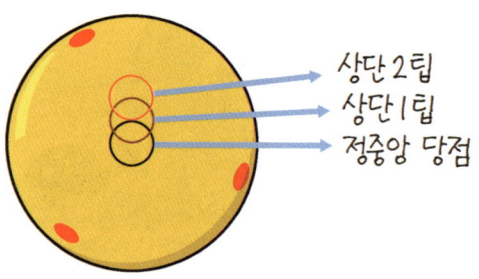
→ 상단 2팁
→ 상단 1팁
→ 정중앙 당점

분리각은 아주 예민하다.
샷 스피드가 조금만 빨라져도 바닥면의 반발력으로 큐볼이 공중부양 한다. 큐볼이 바닥면을 굴러가지 않고 미끄러지듯 진행하게 되는 것이다.
분리각이 커지는 치명적 요인이므로 샷 스피드에 특히 주의하자!!

《1쿠션샷을 위한 기본 팔로우 샷(follow shot) 만들기》

브리지 간격은 약 10cm 정도로 한다.

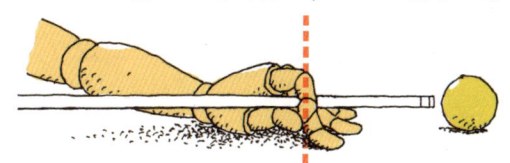

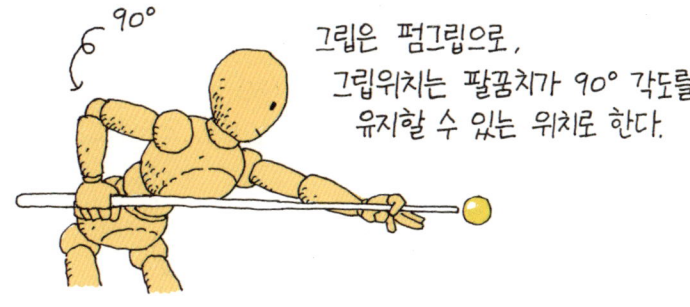

그립은 펌그립으로, 그립위치는 팔꿈치가 90° 각도를 유지할 수 있는 위치로 한다.

그립위치는 플레이어의 신체적 특성에 따라 달라지므로 그립 표준위치를 참고하여 자신만의 위치를 찾자.

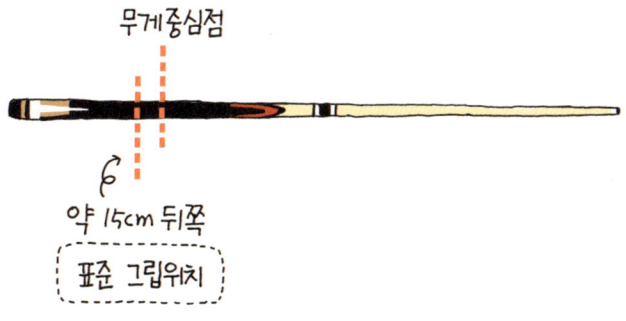

예비 스트로크(Preliminary Stroke)의 길이는
가능한 짧게 한다.

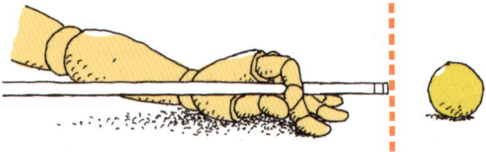

본 스트로크(Main Stroke)의 백스윙 길이는
전체 브리지길이의 약 60%가 적당하다.

백스윙이 길어질수록 샷의 스피드가
올라갈 수 있으므로 주의한다.

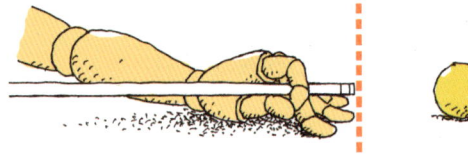

《 샷의 진행거리 》

불필요한 샷의 길이는 임팩트를 불안하게 만든다.
큐볼의 크기를 지날 정도만으로 충분하다.

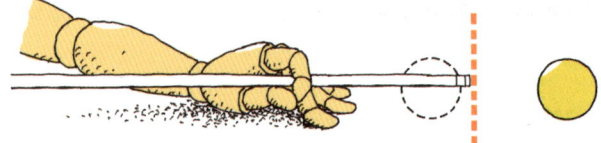

큐볼을 통과시켜 준 뒤 자연스럽게 멈춰 준다.

1쿠션의 기본 공략방법은
이전 1뱅크샷의 겨냥점 찾기와 동일하다.

한 가지 주의할 점은 큐볼값 설정방법이다.
그림에서처럼 무심코 제1목적구의 왼쪽을 큐볼값으로
정한다면 낭패다.
1뱅크샷에서의 큐볼은 자신의 위치에서 곧장 쿠션으로
입사하지만 1쿠션샷은 제1목적구와 충돌 후 만들어지는
분리각 방향이 실제 입사각이기 때문이다.

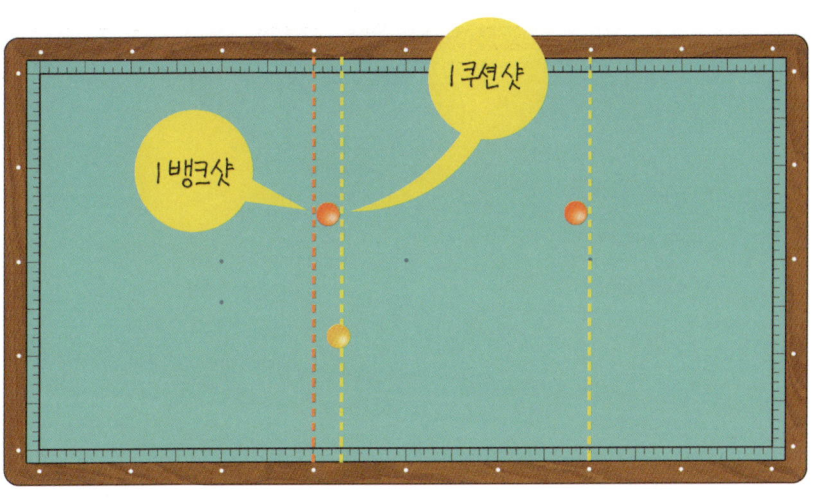

포인트!! 1쿠션샷에서의 큐볼값 0의 자리는
제1목적구와의 충돌위치이다.

≪ 문제 풀어 보기 ≫

장축쪽 득점지점값 27의 $\frac{1}{2}$ 값은 13.5이며 단축쪽 보정값은 제1목적구와 제2목적구가 동일한 선상에 위치하므로 보정값은 0 이다.

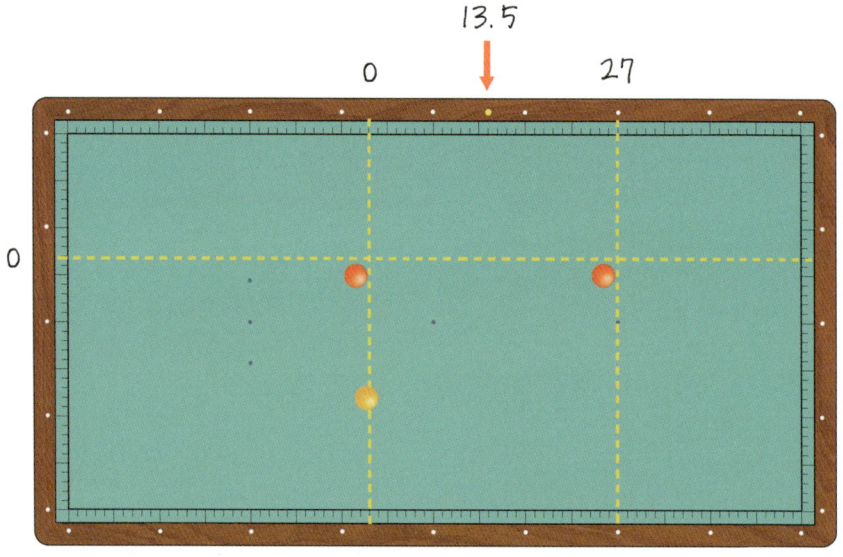

최종 겨냥점값은 13.5 이다.
그렇다고 정말로 13.5를 향해 눈에 핏발을 세울 필요는 없다.
13이나 14여도 득점에는 크게 지장 없다.

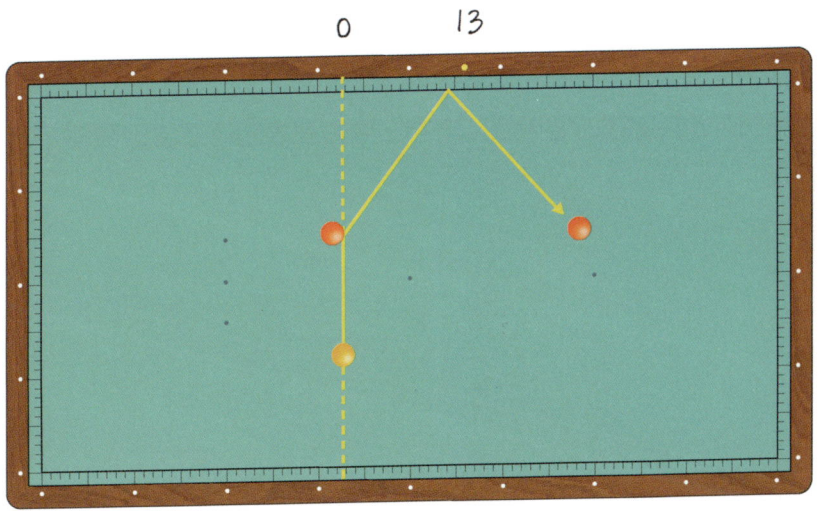

《 한개 더!! 》

장축쪽 득점지점값 27의 $\frac{1}{2}$값은 약 13.5로 이전과 같다.
하지만 제2목적구가 아래쪽으로 이동했으므로 단축쪽 보정값이 필요하다.
득점지점까지의 거리값 30은 단축쪽 3의 보정값을 갖는다.
(1뱅크샷에서의 단축쪽 보정값과 동일하다.)
제1목적구에서 득점지점값까지의 거리값은 약 30이므로
단축쪽 10포인트당 보정값은 3이다.
기본 겨냥점값 13.5에서 보정값 3을 빼주면 10.5이므로
최종 겨냥점값은 10.5이다.

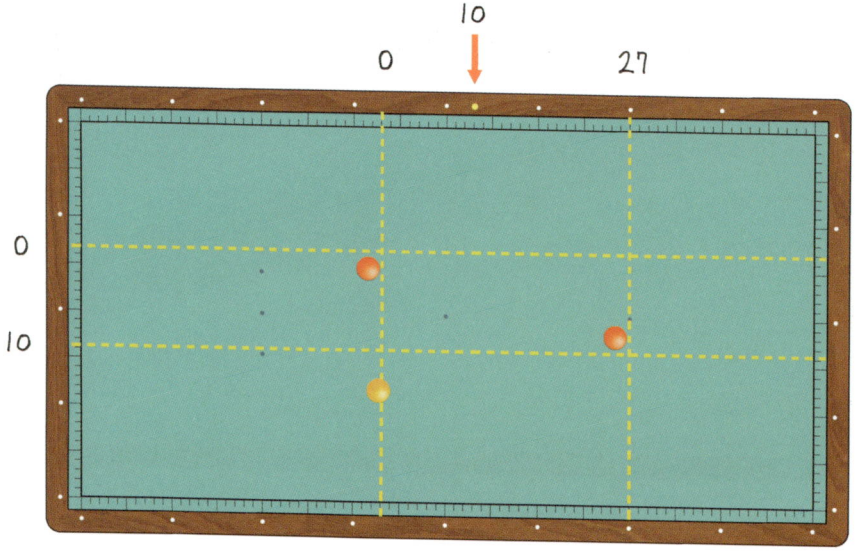

복잡하게 느껴지지만 사실 몇 번 연습해 보면 금방 익숙해질 것이며 득점력에도 자신감이 붙게 될 것이다.

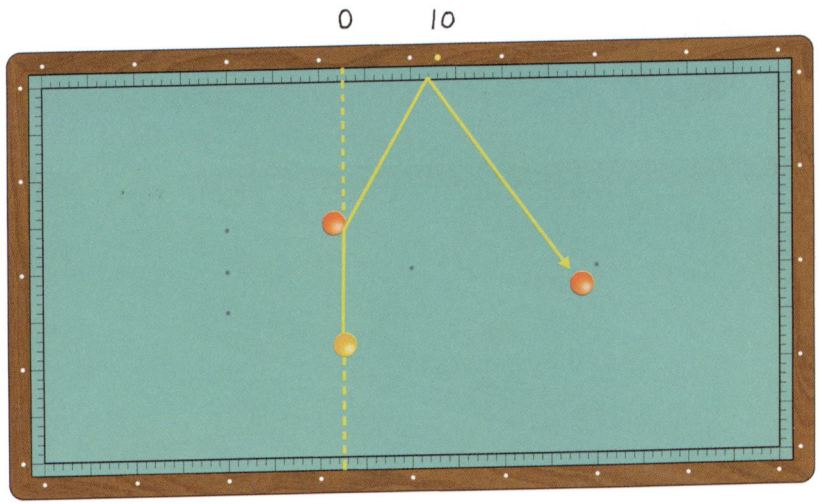

> 자투리 팁!!

단축쪽 보정값을 사용할 때 주의할 점!!

제 2 목적구가 위쪽으로 올라가 있을 때는
기본 겨냥점값에서 보정값을 더해 줘야 하지만
제 2 목적구가 아래쪽으로 내려가 있을 때는
빼 줘야 한다.

착각 금지!!!

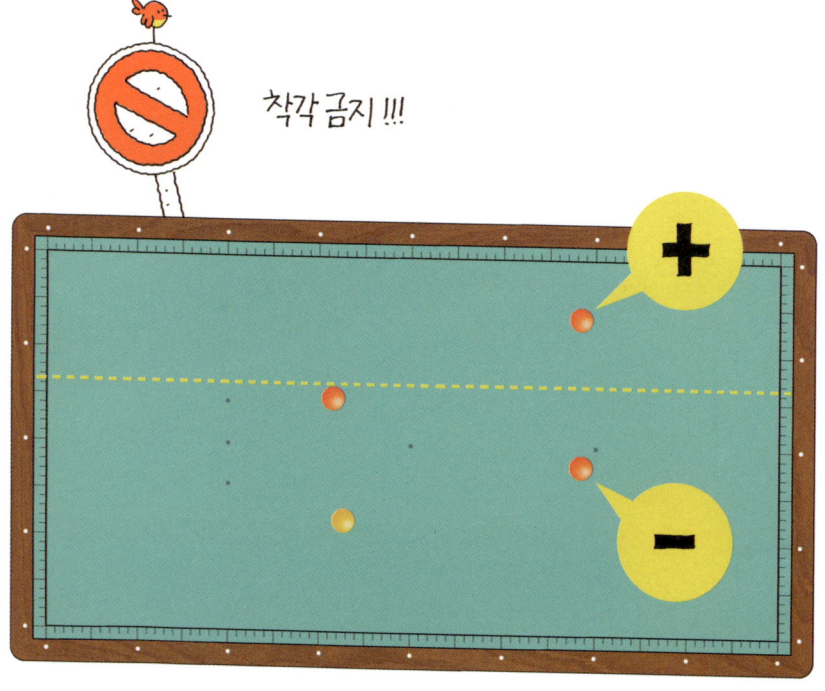

{ 당점의 변화에 따른 큐볼의 분리각 }

연습과 실전의 차이는 무엇일까? 큐볼의 위치이다. 연습에서는 득점하기 쉬운 곳에 큐볼을 위치시킬 수 있지만 실전에서는 단 한 번도 연습해 본 적 없는 낯설고 험난한 곳에 위치한다는 것이다.
1쿠션샷을 자신있게 구사하려면 아래의 전개도를 반드시 연습해 두자!!

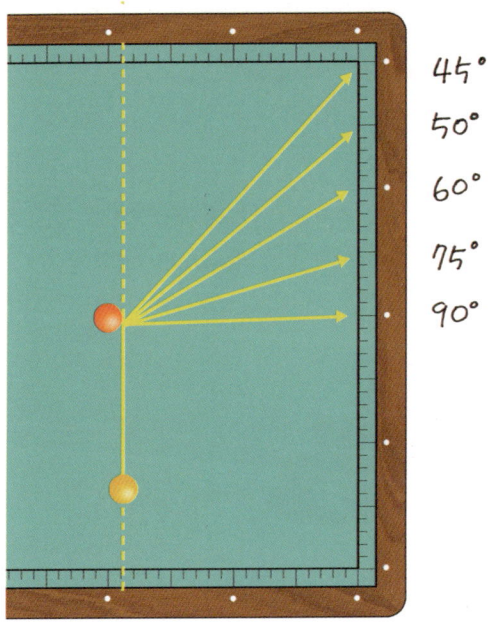

45°
50°
60°
75°
90°

《 당점과 두께 》

두께는 $\frac{1}{2}$ 두께로 모두 똑같이 설정한다.

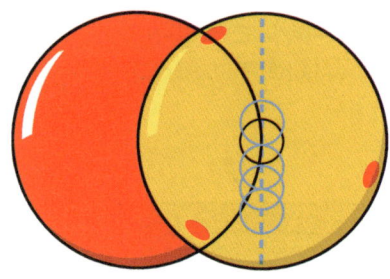

상단1팁 = 45°
정중앙 = 50°
하단1팁 = 60°
하단2팁 = 75°
하단3팁 = 90°

분리각은 플레이어의 샷 특성에 따라 달라지므로
안정된 샷 구사능력은 필수라는 것!!
연습하자, 연습~

TIP!!
연습량은 게임비와 비례한다.

 당구공에 얽히고설킨
슬프고도 깜짝할 이야기

19세기 초 미국 상류사회에서 당구는 대유행을 맞는다. 당시 당구공은 코끼리의 상아로 만들어지고 있었다. 뿐만 아니라 피아노의 건반, 빗, 장식품등 수많은 사치품 제조에도 상아가 이용되고 있었다.

슬프게도 코끼리의 상아는 수요와 공급의 법칙 속에서 19세기의 값비싼 물건으로 변질되어 거래되어지고 있었던 것이다.

무차별적 코끼리사냥은 날로 심각해졌으며 급기야 코끼리는 멸종 위기를 맞게 되고 결국 세계적 문제로까지 야기됨에 따라 코끼리 사냥은 전면 금지되기에 이른다.

1863년, 미국의 뉴잉글랜드 지방의 당구공 제조사인 펠란-콜란사는 더 이상 당구공을 만들 수 없게 되자 새로운 대체물 찾기에 나서는데.

백수 됐다능...

WANTED
NEW BILLIARD BALL!!
$10,000 REWARD

이어 당구공 제조에 필요한 새로운 대체물 제공자에게 1만 달러를 주겠다는 현상금까지 내걸게 된다.

이 광고를 본 "존 하이야트"는 꿈에 부푼다.

고진감래라 했던가.
청년은 마침내 새로운 재질의 당구공 만들기에
성공하는 듯 보였다.

하지만 그의 당구공은 한 가지 치명적 결함을 가지고 있었으니...

쿠왕...

당구공이 폭발하는 것이었다.
재질의 특성을 간과한 때문이었다.
(폭발성 화학재질을 이용해 만들었던 것.)

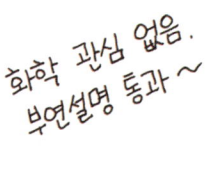

당시 미국에서는 마피아들 간의 세력다툼이 사회적 문제가 되고 있던 때였다.
느닷없이 폭발하는 당구공은 상대 마피아의 총격으로 오인되어 당구 치다 말고 총격전을 벌이기 일쑤였다고 하니...

당구 한 게임 치기위해 목숨을 걸어야 했던 것이다.

"존 하이야트"의 당구공은 절반은 성공, 절반은 실패였던 셈이므로 펠란-콜란사는 그에게 현상금도 뚝 잘라 절반만 주었다.

계산 참 딱 부러진다.

비록 완벽한 당구공 만들기에는 실패했지만 뜻밖에 전혀 다른 용도로 사용할 수 있음을 깨닫는다.

이후 하이야트는 돈 방석에…

그가 만든 새로운 재질이란
다름 아닌 플라스틱!!

하이야트의 당구공이 본격 테크놀로지 시대의
시그널이 된 것이었다.

그것 참~

큐볼의 분리각 45° 찾기!!

{ 큐볼의 분리각 45° 찾기!! }

제1 목적구와 큐볼이 거의 일직선상에 위치해 있다.
큐볼의 분리각을 45°로 만들어 주면 되는 가장 이상적인 배치이다.
½ 두께와 상단 1팁으로 가볍게 공략해 주면 된다.

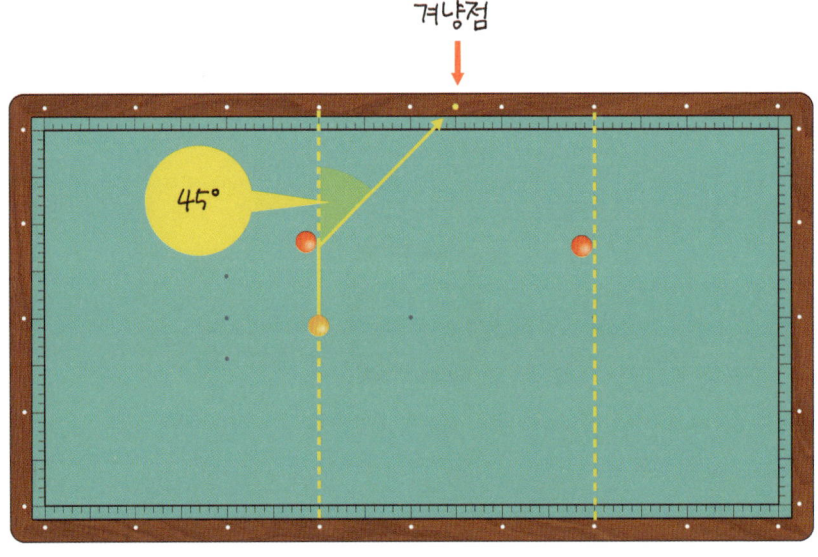

다음의 실전배치도를 보자.
득점을 위한 겨냥점은 같지만 큐볼이 오른쪽으로
약간 치우쳐있다.

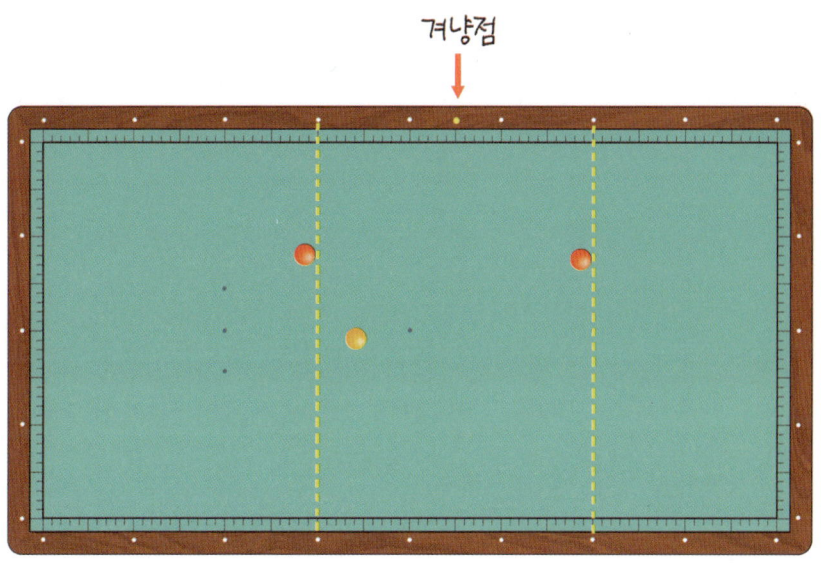

기본적인 $\frac{1}{2}$두께로 쳤을 때의 분리각 45°는 겨냥점보다 한참 부족하다. 약 25° 정도의 분리각이 더 필요한 것이다.

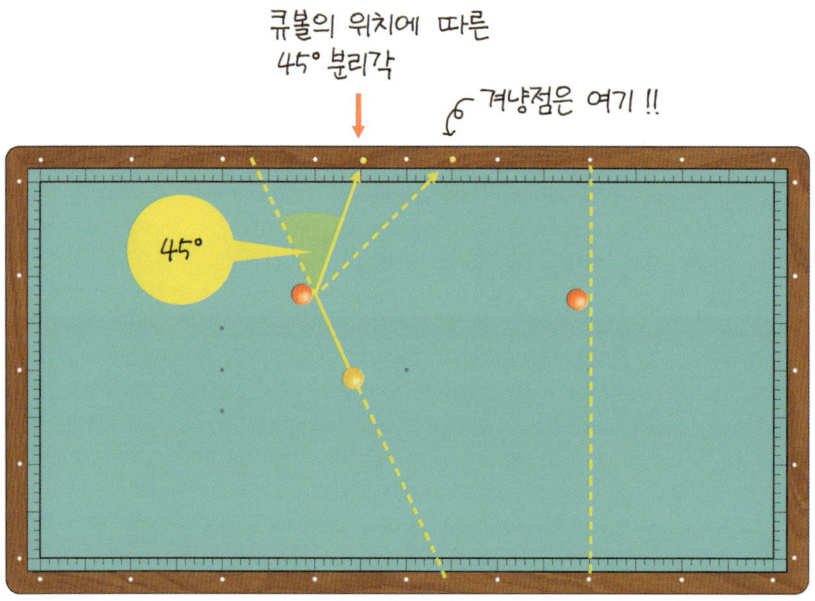

추가해야할 각은 약 25°이다.
두께는 $\frac{1}{2}$ 두께 그대로 두고 당점만 하단2팁으로 내려주면 된다.
문제는 초심자의 경우 분리각 45°를 찾는 것이 쉽지 않다는 것.

어쩔 수 없이 적당한 위치를 골라 두루뭉수리 당점으로 공략하지만 운수대통한 날 아니면 계속해서 쏙쏙 빠져대는 울분의 1쿠션치기...

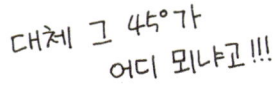

배치도 속 큐볼의 분리각은 45°이다.
이쯤은 감각적으로 누구라도 알 수 있는
지극히 평범한 배치이다.
그러나 이 평범한 그림 속에는 한 가지
놀라운 비밀이 숨어있다.

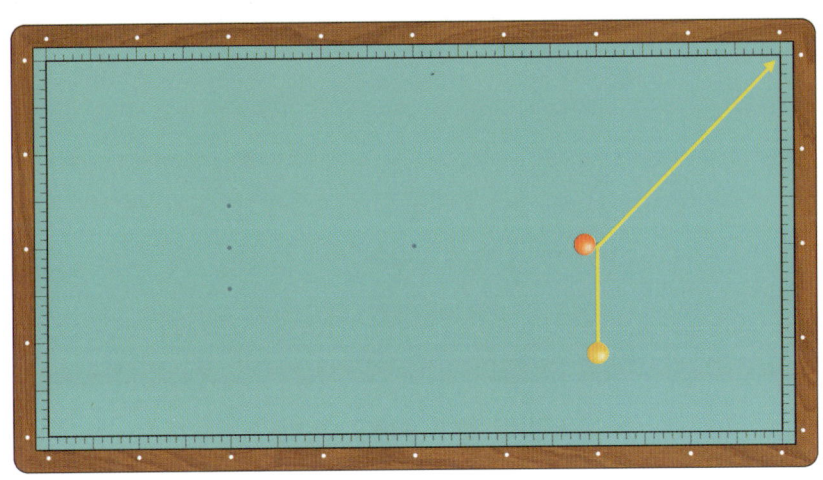

(비밀의 절대 배치도)

제1목적구가 놓여있는 위치를 가만히 들여다 보자.
정확히 장축 2 포인트와 단축 2 포인트가 만나는
지점에 위치한다.

장축 쪽이든 단축 쪽이든 모든 포인트의 간격은 동일하다.
그러므로 제1목적구의 위치는 정사각형 한 변의 꼭짓점이다.
즉, 큐볼은 정사각형의 꼭짓점에서부터 분리각이
시작되어지며 그 진행 동선은 언제나 정사각형의
대각선을 따라 가로지르고 있다는 사실이다.

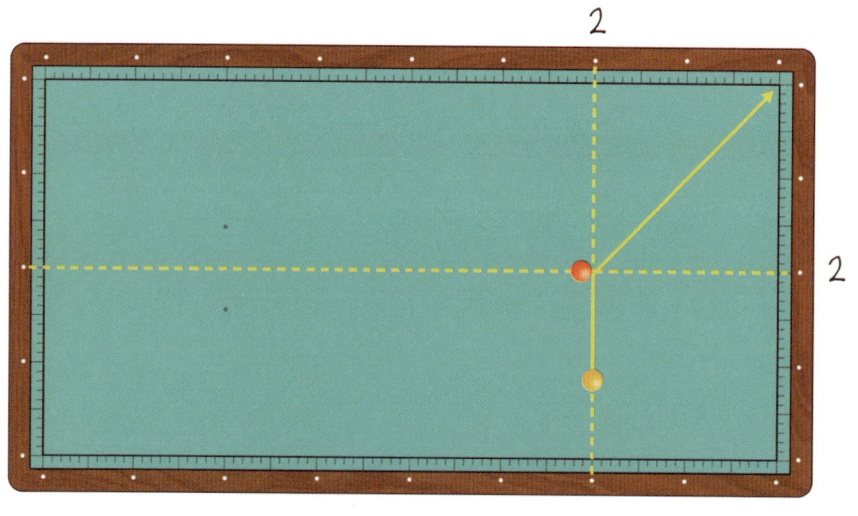

(비밀의 절대 배치도 해부도)

제1목적구가 쿠션에서 떨어져있는 거리와
큐볼의 도착지점 거리는 같다.
정사각형의 모든 변의 길이는 동일하기 때문이다.
그리고 그 대각선은 45°이다.

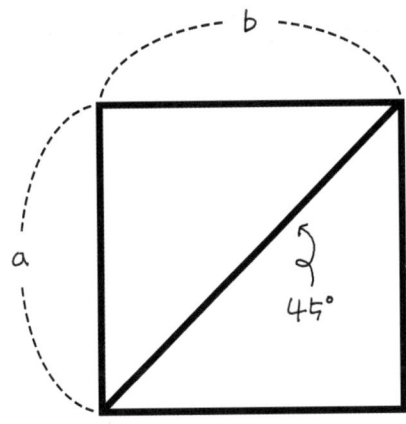

a = 제1목적구와 쿠션과의 거리
b = 큐볼의 이동거리

a = b

《예제 풀어 보며 완벽 이해하기》

예제 1》
큐볼이 다음과 같이 위치했다.
큐볼의 도착지점은?

느닷없이 방향이 바뀌었다고 당황할 필요 없다.
큐볼의 입사방향쪽에서 제1목적구와 쿠션과의 거리에 비례하는
정사각형을 만들어서 한 변의 길이만큼 이동시켜 주면 된다.
즉, 제1목적구와 쿠션과의 거리 a는 큐볼의 이동거리 b이다.
정답은 장축 네 번째 포인트와 수직하는 쿠션끝선이다.

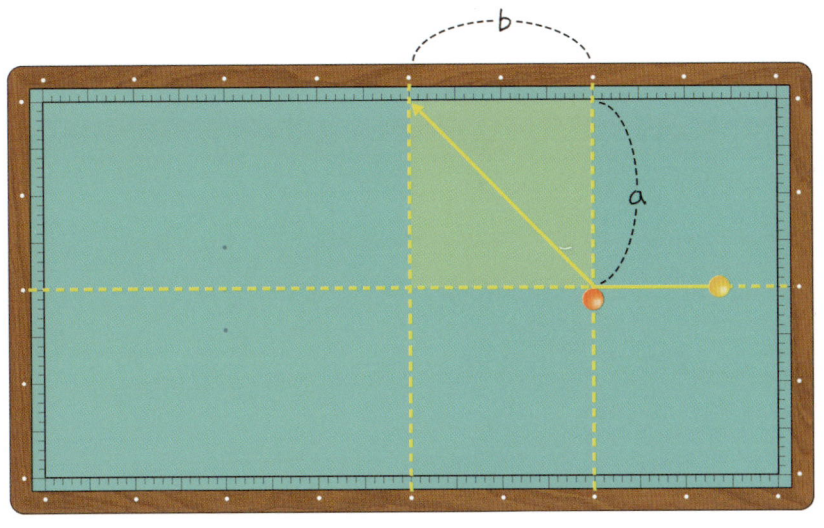

주의사항!!

큐볼의 도착지점은 포인트값이
아닌 쿠션끝선이다.

이건 정말 착각금지!!

34. 큐볼의 분리각 45° 찾기

이번엔 큐볼이 코너 깊숙한 곳에 위치해 있다.
대략 이런 곳에 위치하면 신경이 곤두선다.

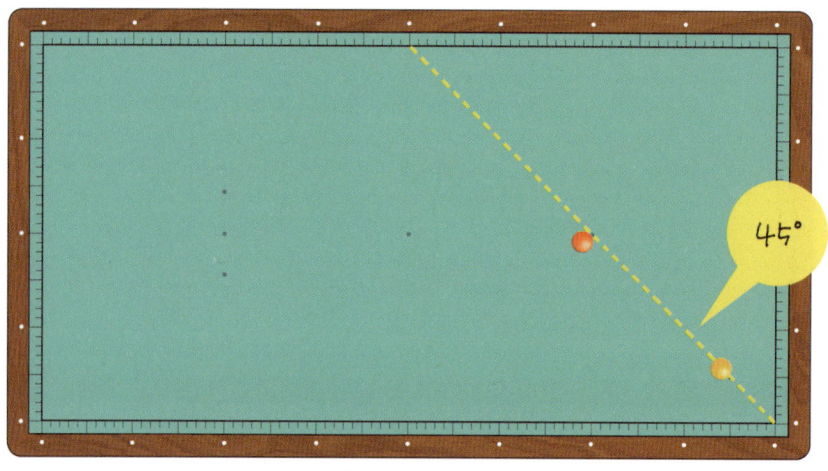

하지만 이 역시 뜻밖에 아주 쉽게 답을 찾는 방법이 있다.
45° 분리각에는 흥미로운 비밀 한 가지가 더 숨어있으니까 말이다.

큐볼의 최초 출발방향이 쿠션과 수직할 때 큐볼의
분리각은 45°이다. (이전 배치도 참조)
그렇다면 큐볼의 최초 출발방향이 처음부터 45°라면?

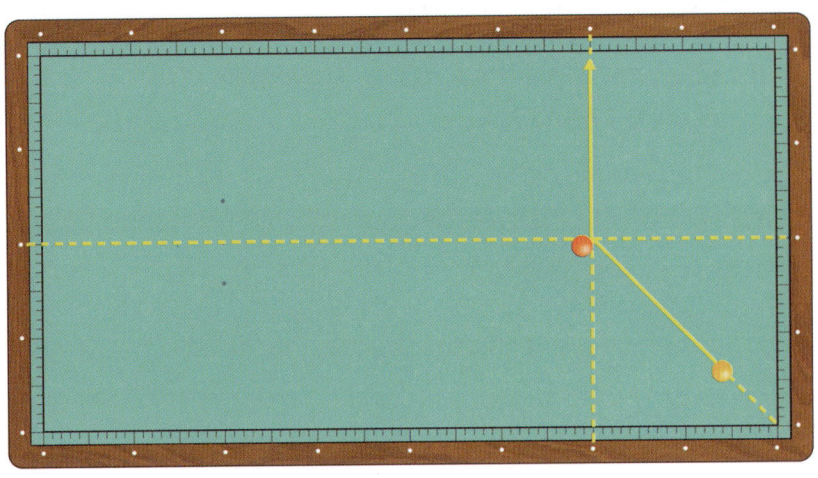

반대로 큐볼의 분리각이 쿠션과 수직으로 입사한다.
당구는 알면 알수록 흥미롭다.

포인트를 이용한 45° 각 찾기

실전에서 45° 각을 찾을 때 가장 속을 끓이는
배치는 무엇일까?
아래의 전개도에서처럼 큐볼이 45°보다 크거나
작은 각도로 비스듬히 위치해 있을 때이다.
이와 같은 배치에서의 45° 각 찾기는 사실 쉽지 않다.
공식이 아닌 각에 대한 감각을 필요로 하는
배치이기 때문이다.

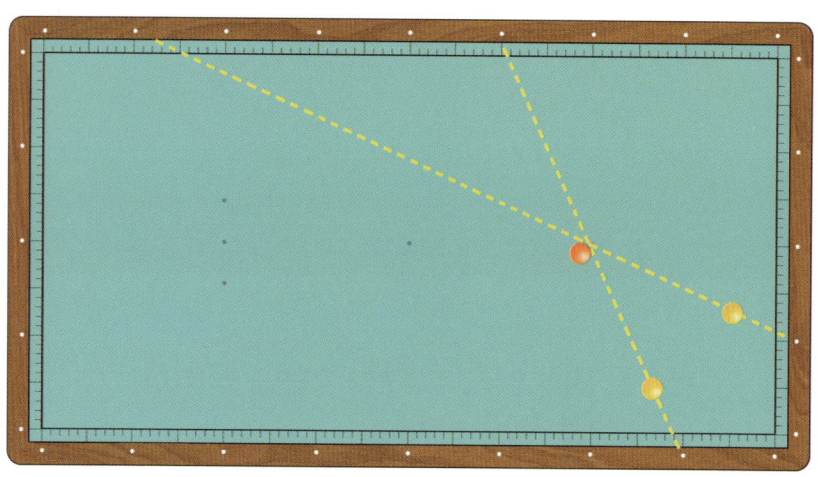

a와 b의 입사각은 각각 몇도 일까?

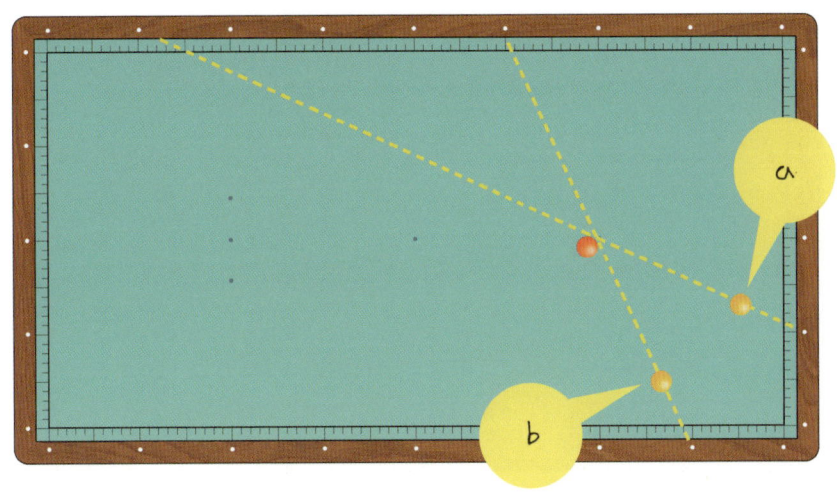

단축쪽 수선(perpendicular)을 기준으로 a는 24°, b는 66°이다.

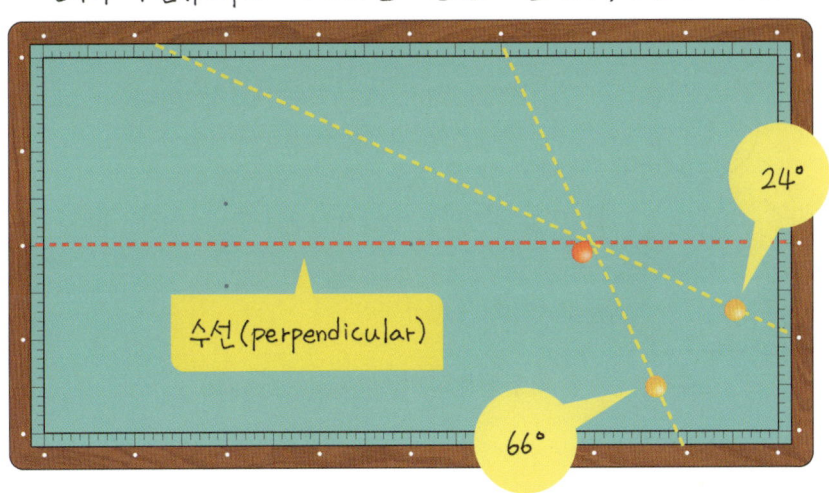

큐볼이 좀 더 왼쪽으로 이동했다.

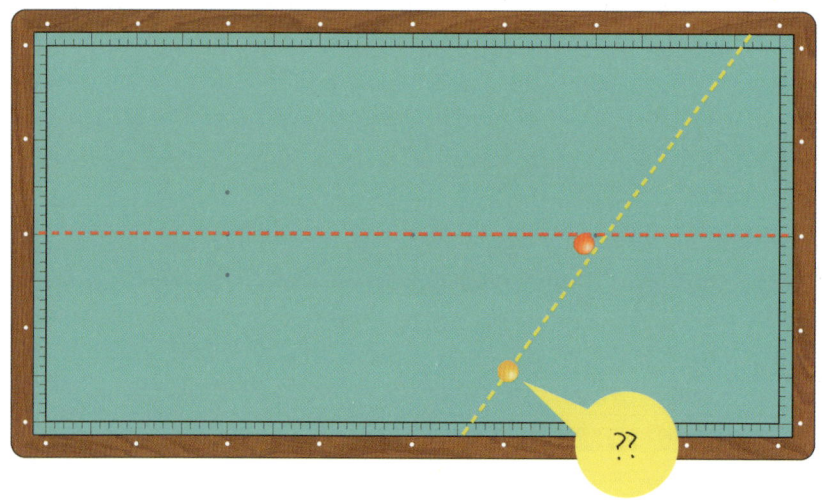

단축쪽 수선을 기준으로 127°??

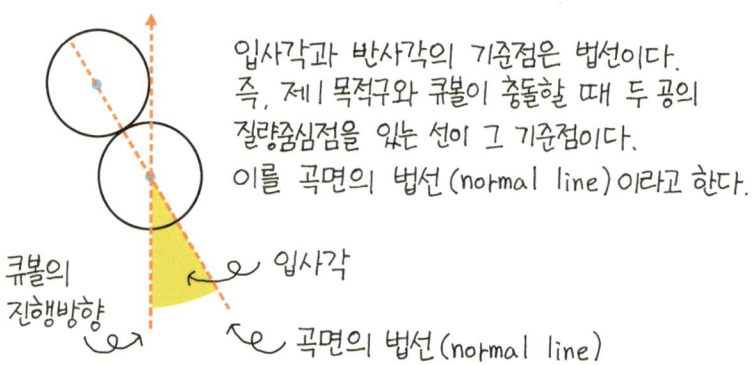

입사각과 반사각의 기준점은 법선이다.
즉, 제1목적구와 큐볼이 충돌할 때 두 공의
질량중심점을 잇는 선이 그 기준점이다.
이를 곡면의 법선(normal line)이라고 한다.

큐볼은 제1목적구를 360° 회전하여 모든 방향에서 입사한다.
결국 입사각과 반사각의 기준인 법선은 무한에 가깝게 존재한다는 것이다.
사실 이렇다면 올바른 입사각과 반사각 찾기는 무의미한 일이 되고 만다.
때문에 그 기준점을 어떻게든 단순화 시켜야만 했던 것이다.

테이블의 수선은 오직 두 방향뿐이다.
장축쪽으로 향하는 수선과 단축쪽으로 향하는 수선이다.
이 수선을 이용한다면 입사각과 반사각 찾기는 순풍에 돛을 단다.

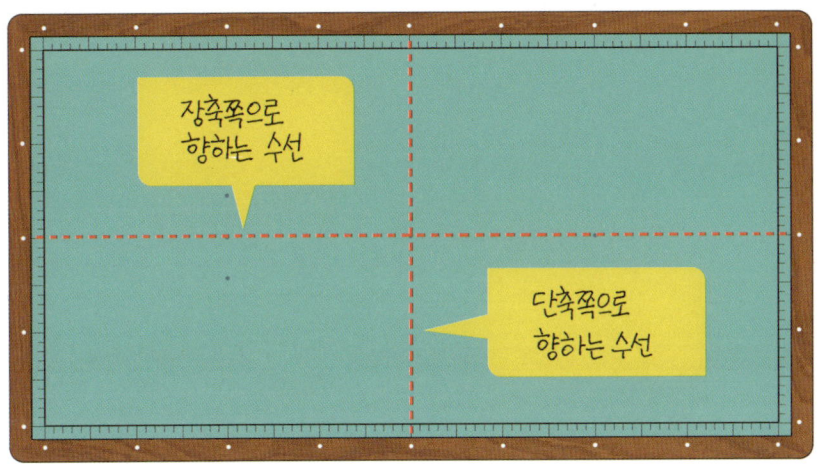

큐볼의 입사각 기준점은 곡면의 법선이 아닌
제1목적구와 큐볼의 충돌면을 지나는 테이블 수선이다.

a와 b의 입사각은 24°와 66°이다.

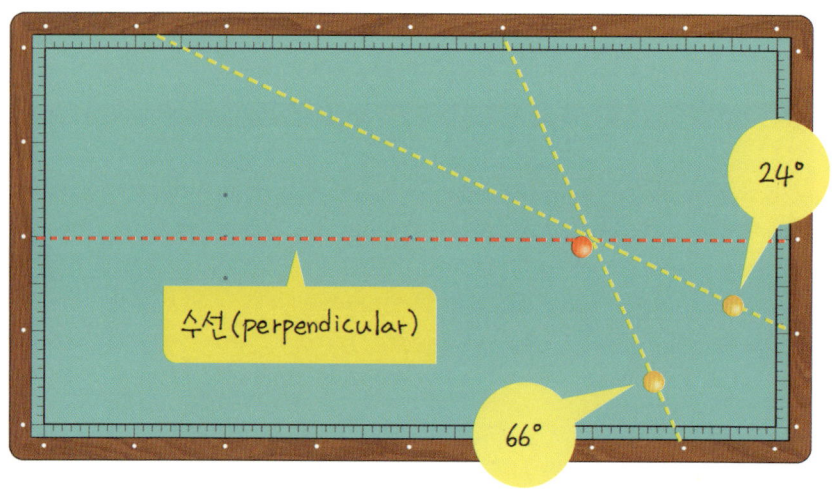

C의 경우 제1목적구와 큐볼의 충돌면을 지나는 테이블 수선은 단축쪽을 향하는 수선이다.

C의 입사각은 127°가 아닌 37°이다.

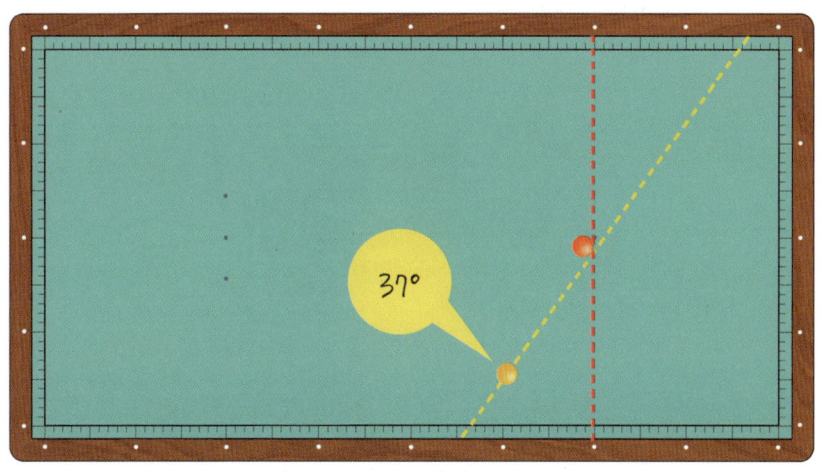

지독한 고민거리 한 가지가 해결되는 순간이다.
큐볼의 입사각을 찾게 된 당신은 이제 비밀병기 하나를 더 손에 쥐었다.
45° 분리각 찾기는 점점 더 쉬워져만 가는데.

테이블 수선을 기준으로 큐볼의 최대 입사각은 90°이다.

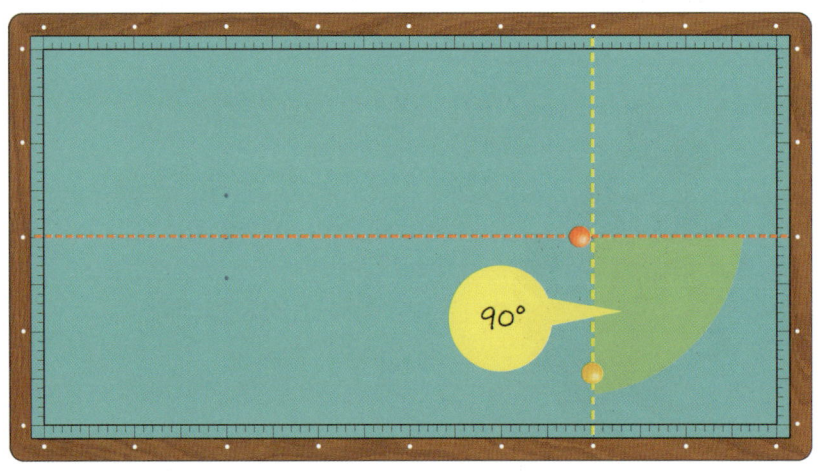

최대 입사각 90°에서의 45° 분리각은 완벽히 코너를 향한다.

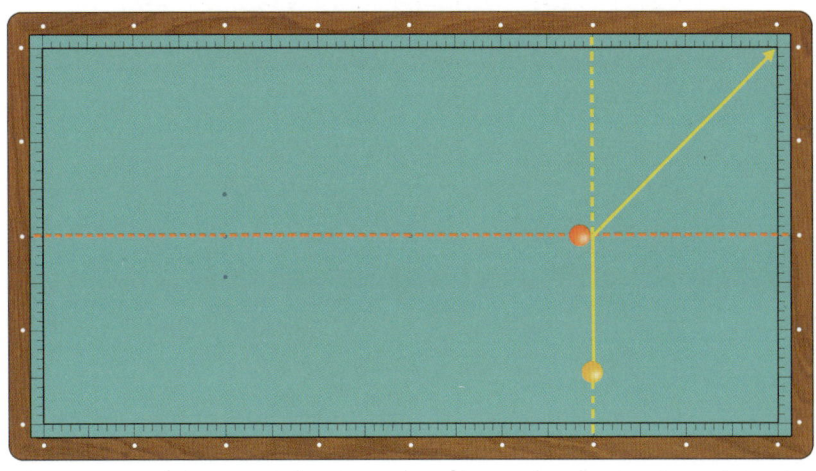

이 두 각을 합하면 135°이며 45° 분리각의
입사각과 반사각의 합은 언제나 135°이다.

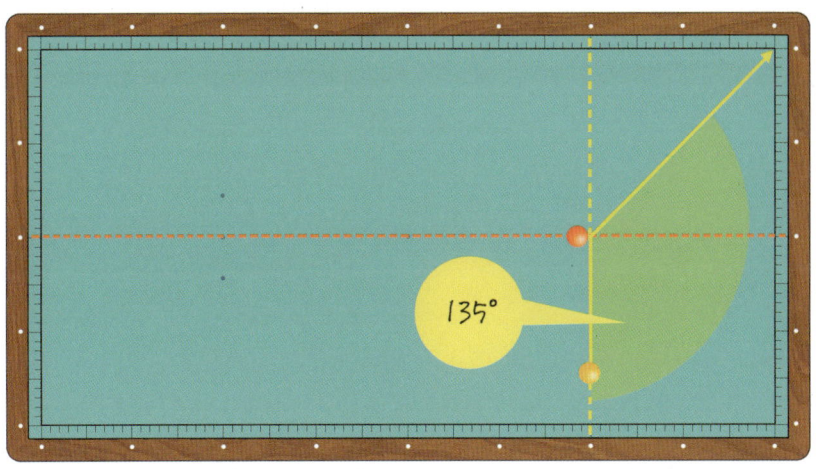

이를 도형으로 나타내면 다음과 같은 같다.
이 도형의 이름을 외우기 쉽게 일상오 도형이라고 하자.

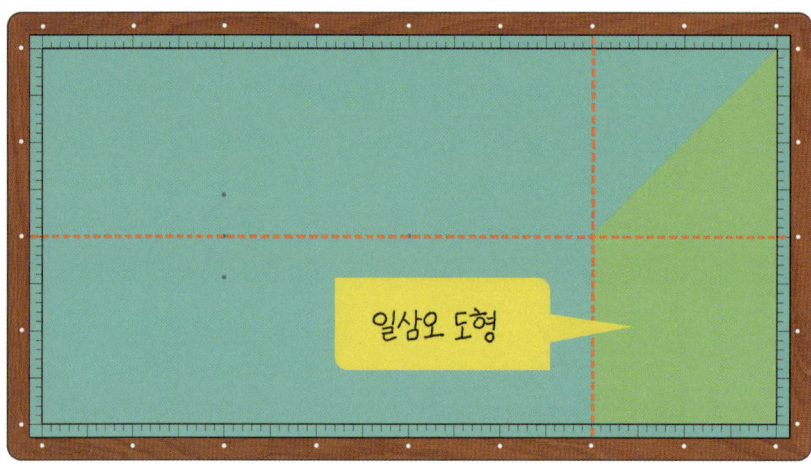

이 녀석은 그 모양을 순식간에 뒤바꾸는 요상한 재주가 있다.
뿐만 아니라 45° 분리각까지 찾아주는 굉장한 능력도 가지고 있지.

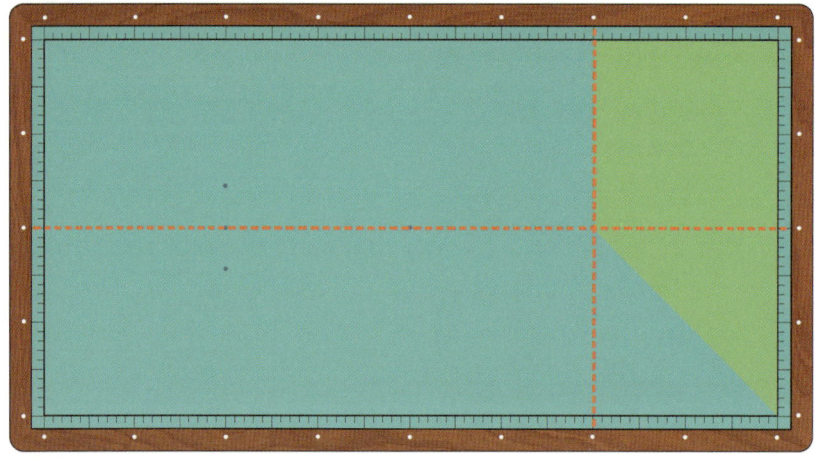

《 입사각이 45°보다 작을 때 》

큐볼의 입사각은 12°이다.

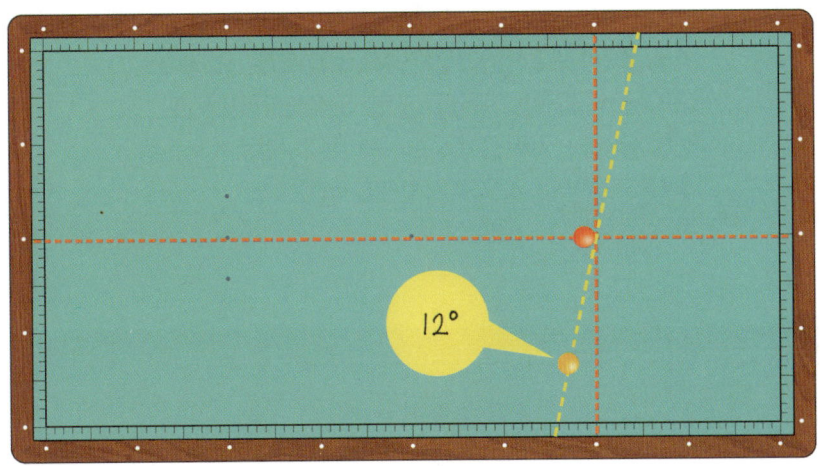

여기에 일삼오 도형을 대입시켜 보자.
입사각 12°는 큐볼과 일삼오 도형 사이의 거리값이기도 한 것이다.

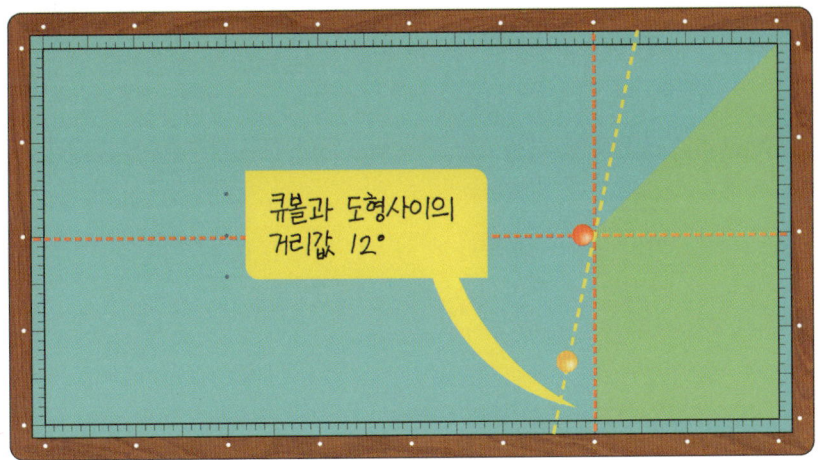

45° 분리각의 입사각과 반사각의 합은 언제나 135°여야 하므로 일삼오 도형 위쪽에서 큐볼과 도형 사이의 거리값 12°를 빼 주면 된다. 큐볼은 당당히 a의 지점으로 향한다.

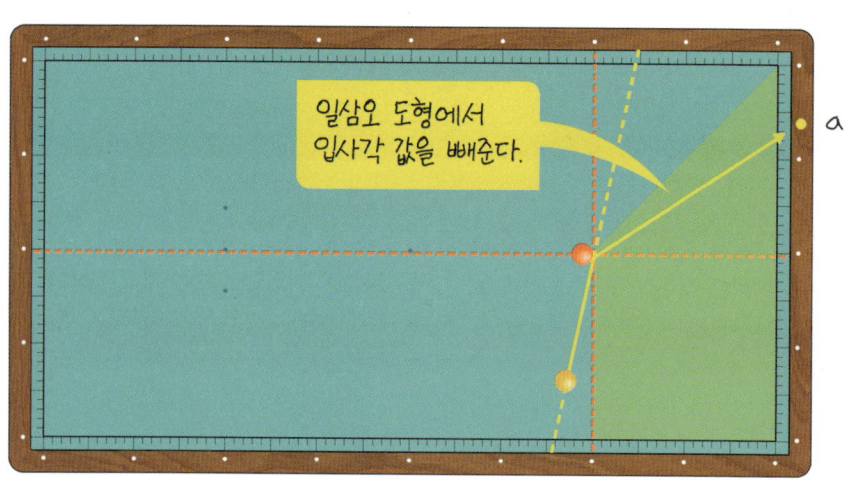

예제 >>

큐볼의 방향이 바뀌어도 방법은 똑같다.
큐볼의 입사각 14°를 일삼오 도형에서 빼 주기만 하면 끝!!

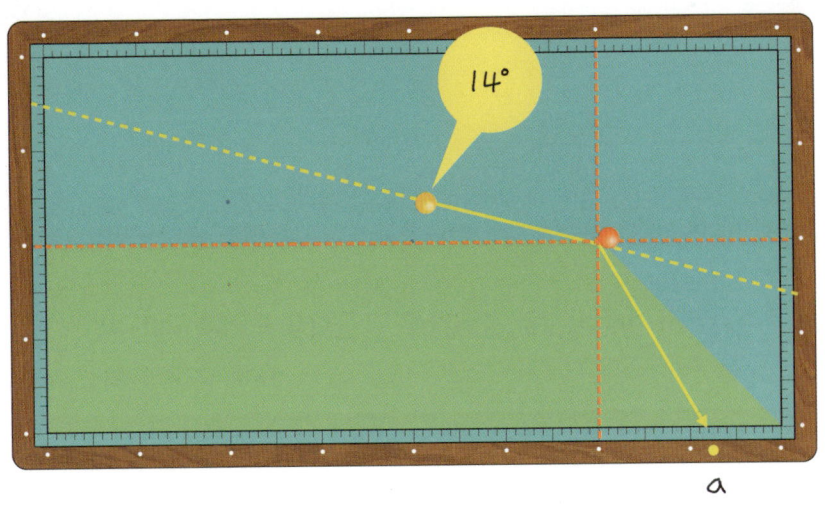

(큐볼의 입사방향이 바뀌면 일삼오 도형도 순식간에
그 위치에 위치를 바꾼다. 참 요상한 재주이다.)

≪ 입사각이 45°보다 클 때 ≫

큐볼의 입사각이 45°보다 10°가 더 큰 55°이다.

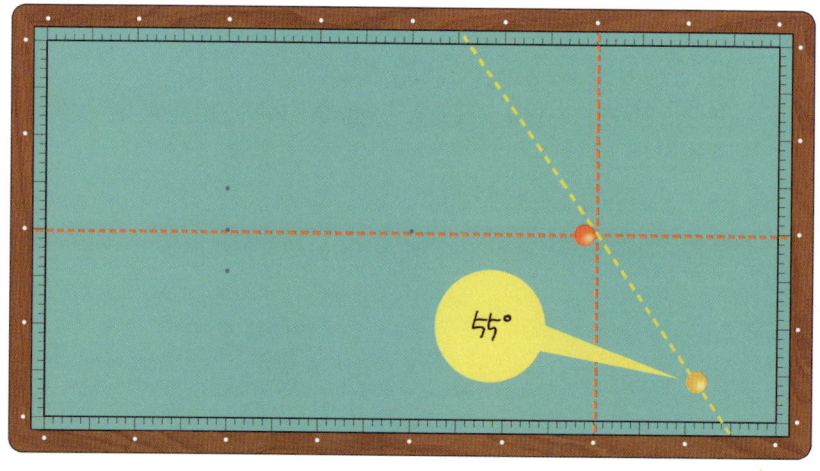

입사각이 커지면 일삼오 도형은 그 모양을 뒤바꿔 나타난다.
정말 요상한 놈!!

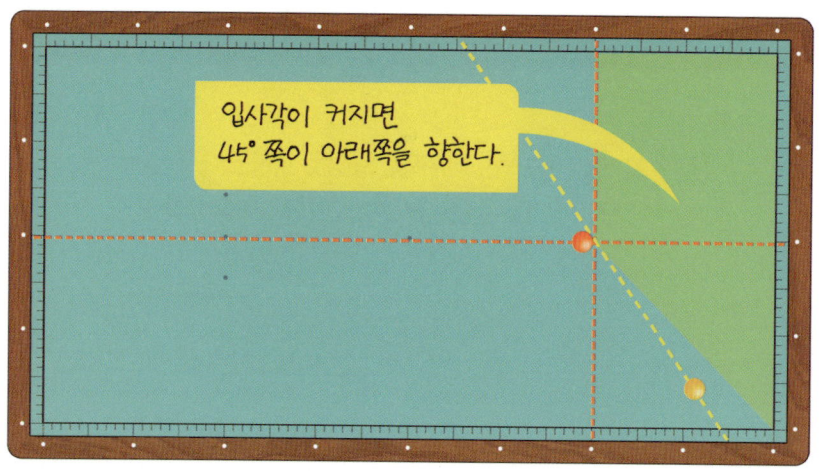

일삼오 도형을 대입해 보면 별난 계산 없이도 큐볼과 도형 사이의 거리값이 10°임을 금방 알 수 있다. 이전과 똑같이 일삼오 도형에서 10°를 빼 주면 된다.

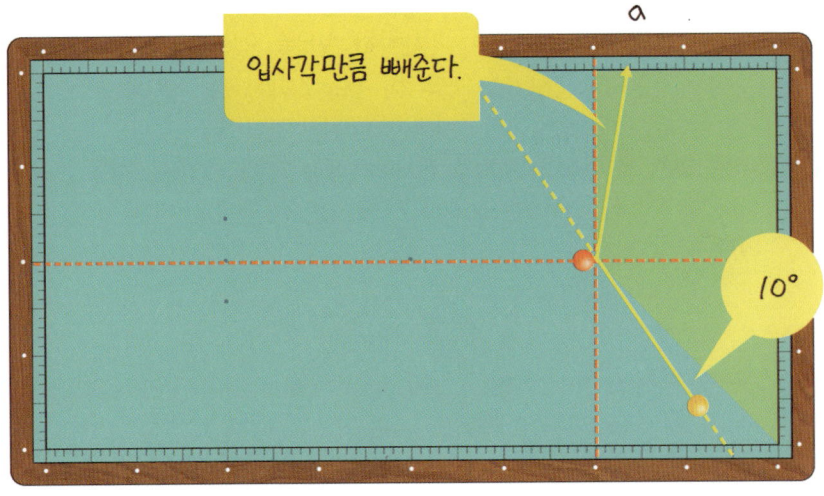

큐볼은 힘차게 a를 향한다.

사실 $\frac{1}{2}$ 두께에서 우리가 찾아야 할 것은 큐볼의 45° 분리각 말고도 한 가지가 더 있다.
제1목적구의 분리각이다. 제1목적구의 진행방향은 4구에서는 모아치기의 기초가 되며, 3구에서는 포지션 및 키스(kiss)를 피하기 위한 기초가 되는 아주 중요한 요소이다.
때문에 큐볼과 제1목적구의 진행방향 모두를 알아야만 하는 것이다. 그러나 초심자의 경우 이 둘의 진행방향을 동시에 판단한다는 것은 정말이지 너무나 어려운 일이다.
이는 마치 두 마리의 토끼를 동시에 쫓는 것과 같아서 결국 어느 한 가지도 제대로 이해하지 못하는 심각한 사태에 빠지게 된다.

때문에 지금은 큐볼의 45° 분리각 하나만 확실하게 찾자. 충분한 연습과 경험치를 늘려가다 보면 자연스럽게 제1목적구의 진행방향이 눈에 들어오기 때문이다.
"아라의 당구홀릭" 3편은 그 내용 대부분을 45° 분리각 찾기에 할애하였다. 너무 중요한 부분이지만 안타깝게도 많은 동호인들이 그 중요성을 거의 파악하지 못한 채 당구를 치고 있다. 다른 어떤 연습보다도 $\frac{1}{2}$ 두께에서의 큐볼과 제1목적구의 분리각을 유심히 관찰하는 것만으로도 당신의 당구실력은 또 한 번 업그레이드 될 것이다.

입사각 24°의 비밀

입사각 24°의 비밀

아래의 전개도에서 위쪽 포인트와 아래쪽 포인트와의 각도는 24°이다.

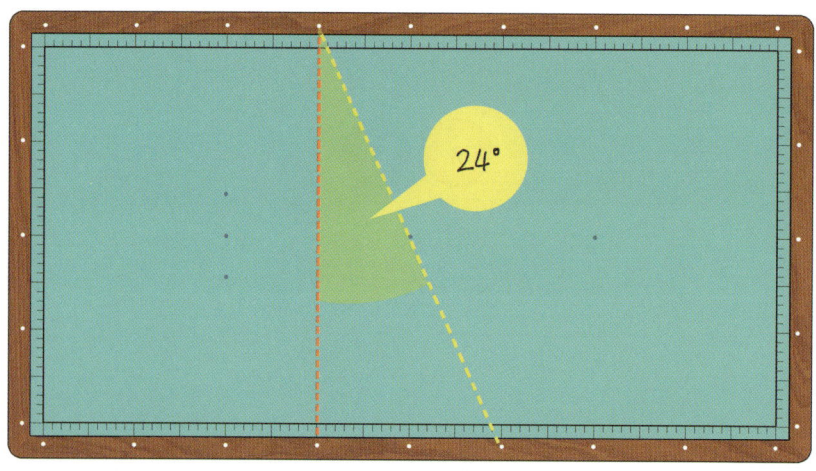

제1 목적구와 큐볼이 다음과 같이 위치했다. 입사각 24°이다.

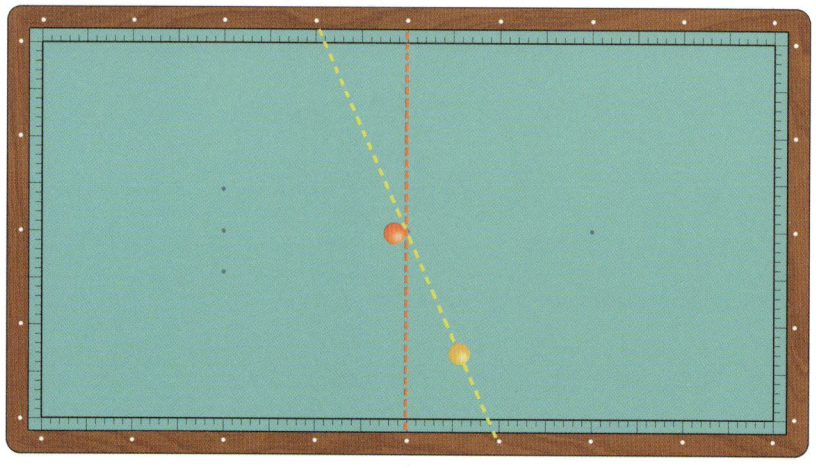

이때의 분리각 45°는 입사각과 반사각이
거의 완벽히 일치한다.
수선을 기준으로 입사각도 1 포인트 간격이며
그 반사각도 1 포인트 간격이다.
이를 24°에 대한 입사각과 반사각의
절대값이라고 하자.
그리고 이것은 분리각 45°를 찾는 또 하나의
비밀무기가 된다.

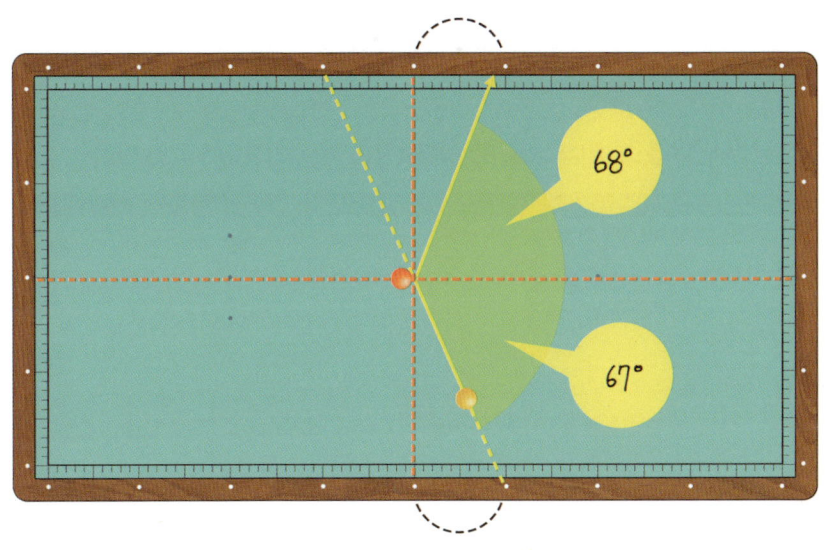

큐볼의 입사각이 오른쪽으로 좀 더 이동한 30°라면
반사각은 기준값 1포인트에서 6° 내려간다.

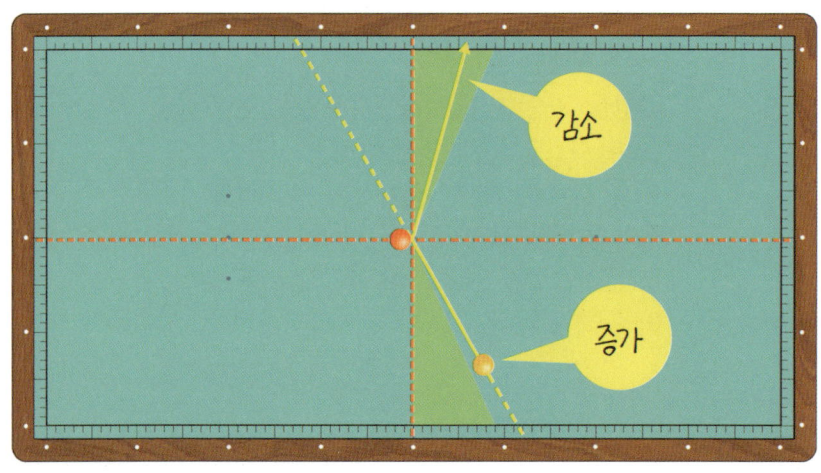

반대로 큐볼의 입사각이 6° 내려가면 반사각은 6° 증가한다.

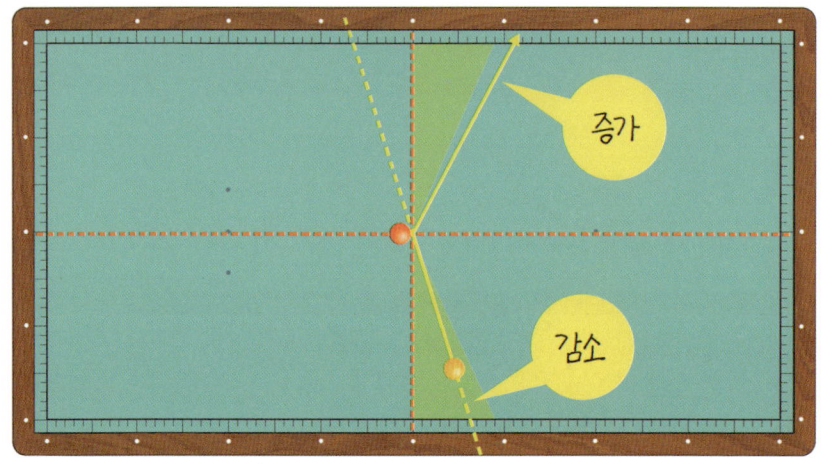

《 실전 응용편 》

제 1 목적구와 큐볼이 다음과 같이 위치했다.
먼저 큐볼의 입사각을 확인하자.

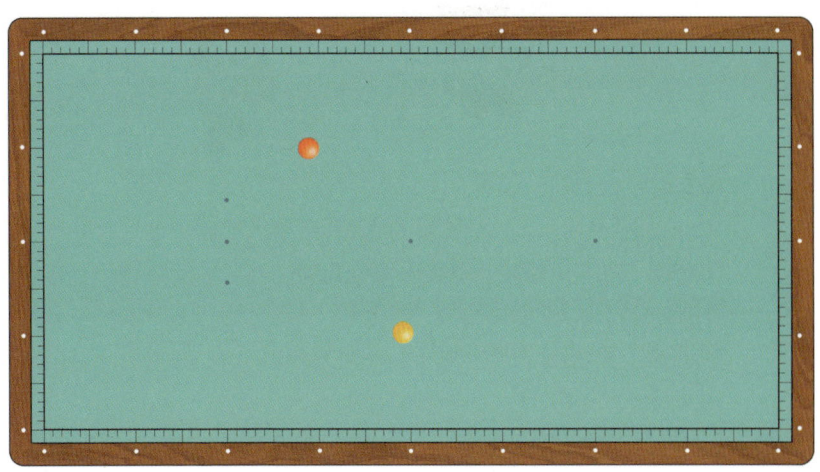

잠깐만~
줄자를 어디다 뒀더라??

입사각을 확인하기 위해 굳이 줄자까지
동원할 필요는 없다.
줄자보다 더 튼튼한 1.5m짜리 막대자를
손에 쥐고 있으니까.

큐볼의 입사각은 24°.
입사각과 반사각이 완벽히 일치하는 절대각!!
그런데 제1목적구의 위치가 수상하다.
기준위치보다 한참 위쪽에 있다.
초심자의 아픔은 여기서부터 시작된다.

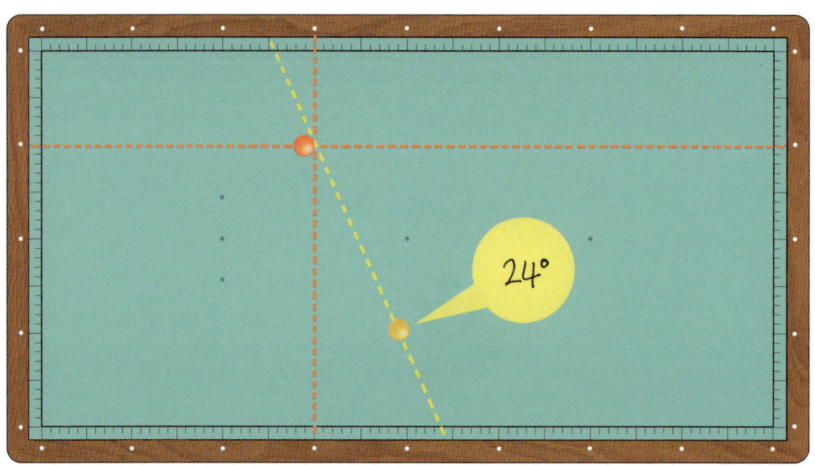

정답도부터 살펴보자. 큐볼의 45° 분리각은 a지점이다. 수선을 기준으로 한 입사각과 반사각의 포인트 차가 전혀 맞지 않는다. 어떻게 된 것일까?

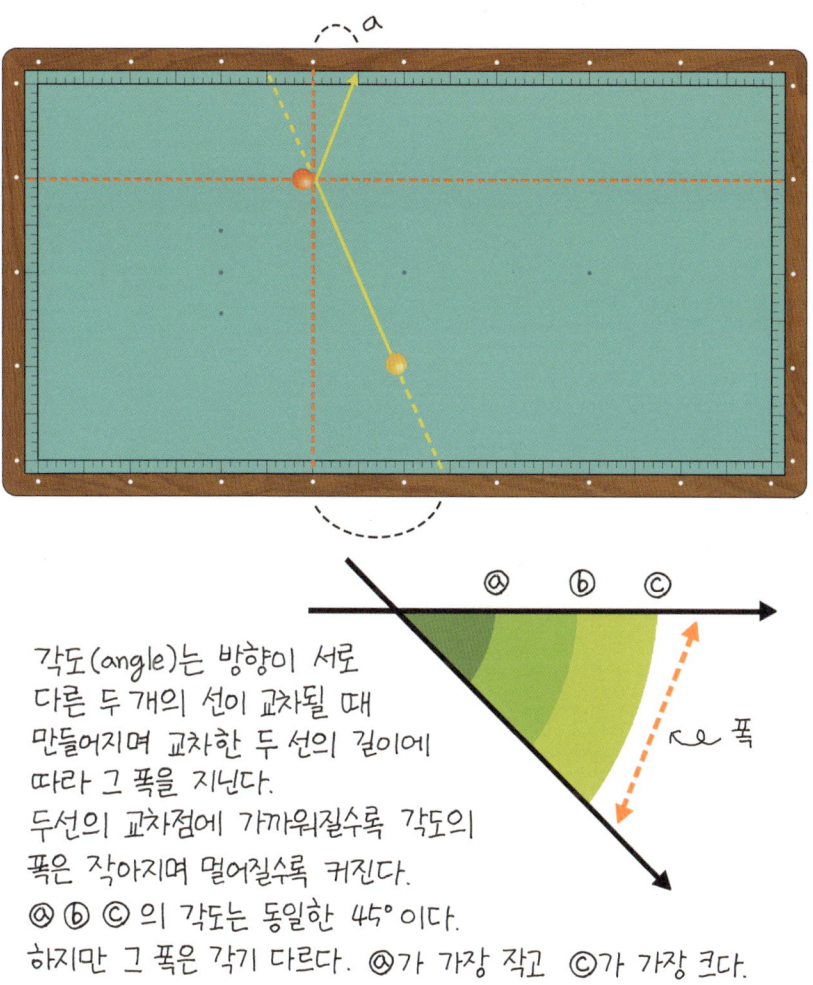

각도(angle)는 방향이 서로 다른 두 개의 선이 교차될 때 만들어지며 교차한 두 선의 길이에 따라 그 폭을 지닌다.
두 선의 교차점에 가까워질수록 각도의 폭은 작아지며 멀어질수록 커진다.
ⓐ ⓑ ⓒ 의 각도는 동일한 45°이다.
하지만 그 폭은 각기 다르다. ⓐ가 가장 작고 ⓒ가 가장 크다.

아래의 ⓐⓑⓒ 역시 모두 동일한 68°의 각이다.

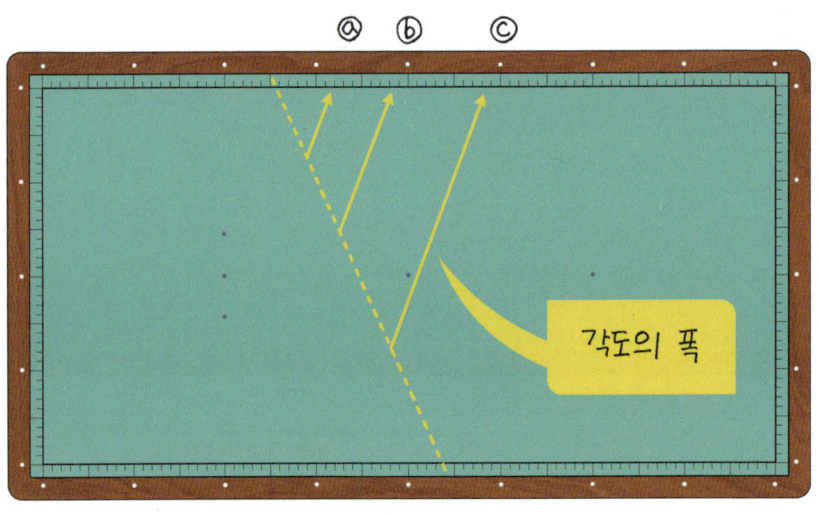

하지만 그 도착지점은 전혀 다르다.
분리각이 시작되는 지점에서 만들어지는
각도의 폭만큼 그 도착지점도 달라지는 것이다.

ⓐ는 테이블에 고정되어 있는 선이다.
스스로 그 길이를 변화시킬 수 없다.

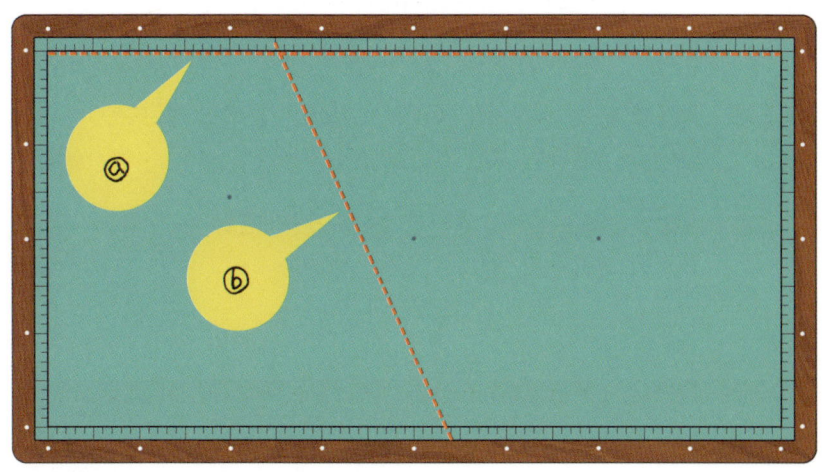

하지만 ⓑ는 제1목적구의 위치에 따라 그 길이가 달라진다.

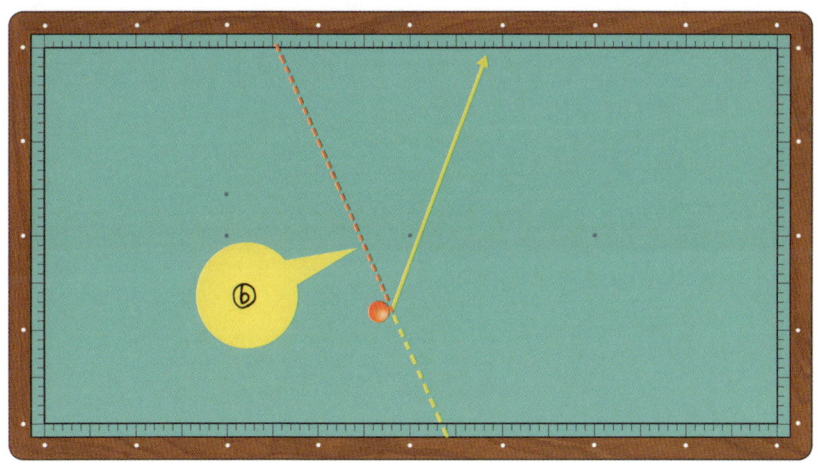

제1목적구와 쿠션과의 거리

제1목적구의 위치에 따라 선 ⓑ의 길이는 변한다.
그런데 변하는 것은 선 ⓑ만이 아니다.

각도의 폭을 만드는 제1목적구의 충돌지점과
쿠션의 거리 또한 변하고 있는 것이다.

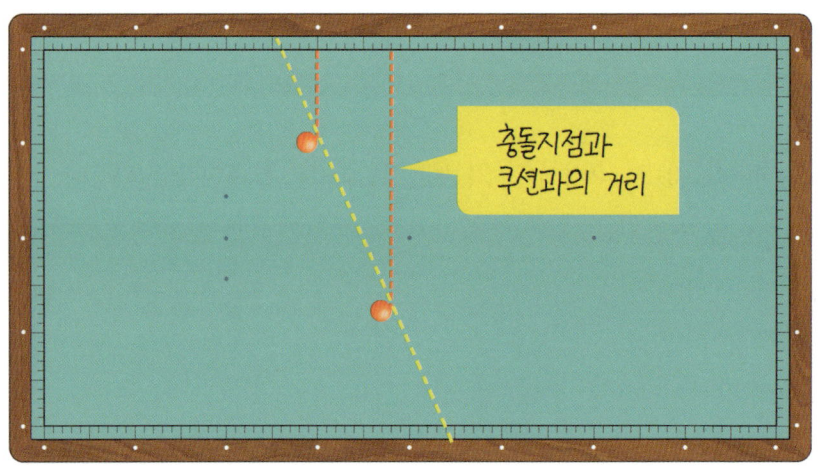

충돌지점과 쿠션과의 거리

입사각 24°에서 제1목적구의 기준위치는 단축쪽 포인트로 계산하여 쿠션과 20포인트 떨어져 있다.

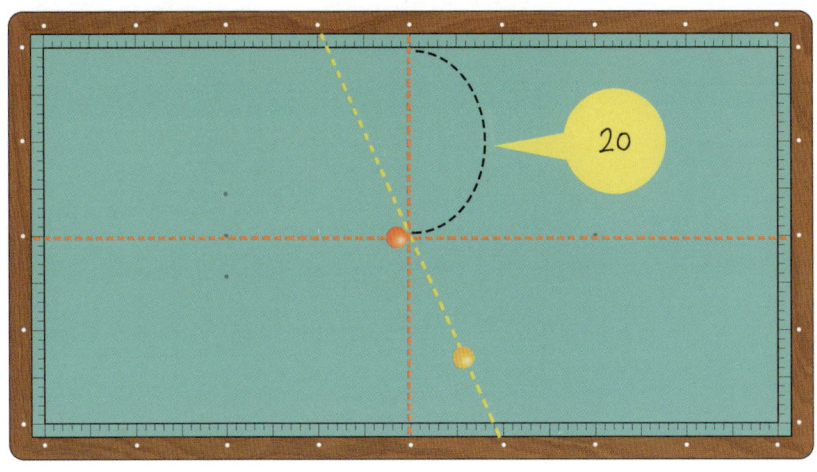

이때 분리각 45°는 거리값 20의 $\frac{1}{2}$인 10포인트로 향했다.

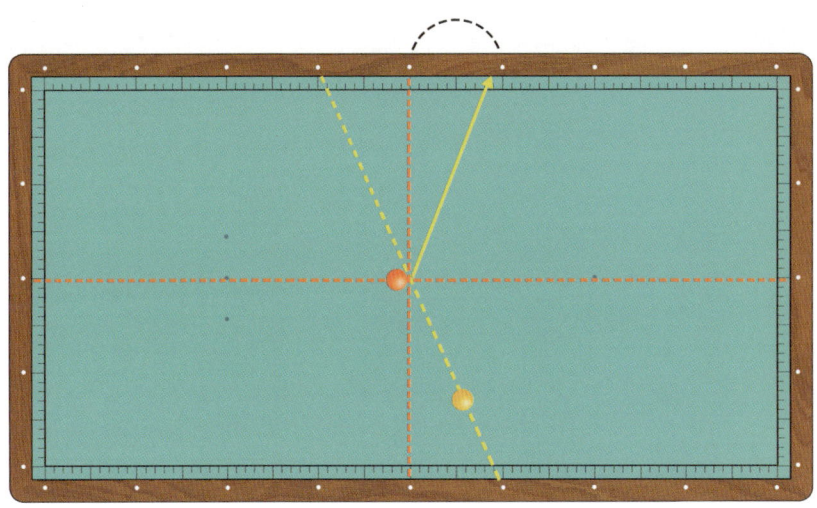

다음 전개도의 제1목적구와 쿠션과의 거리값은 10 이다.

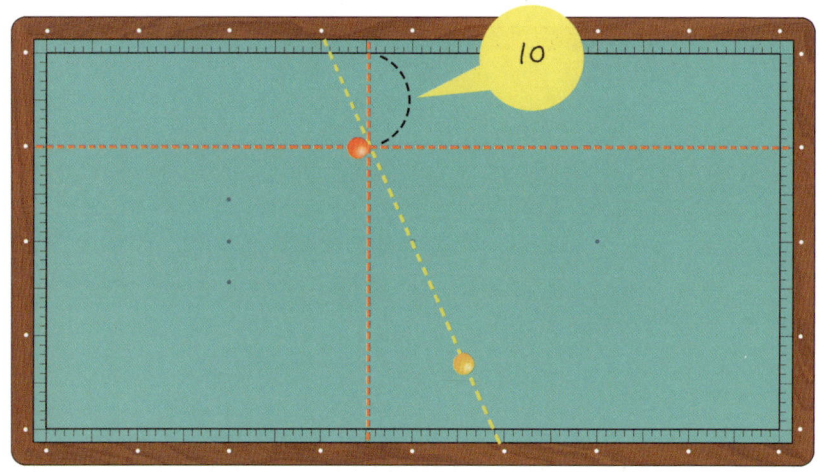

큐볼은 거리값 10의 $\frac{1}{2}$ 인 5포인트를 향한다.

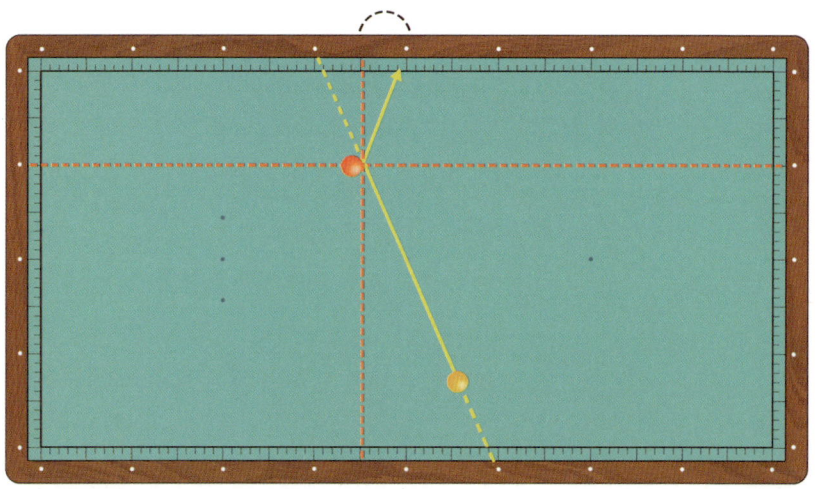

key point

제1목적구와 쿠션의 거리 $\frac{1}{2}$값은
각도의 폭만 변할 뿐 각도는 전혀
변하지 않는다.
또 하나의 멋진 비밀무기의 완성이다!!

지긋지긋한 45° 분리각은 잠시 접고 따뜻한 커피 한 잔과
재미있는 성냥개비 퀴즈로 머리를 식혀 보자.
(부작용에 주의할 것, 누군가는 열을 더 받을 수 있음.)

성냥개비 2개를 움직여 같은 크기의
정사각형 4개를 만들어 보자.

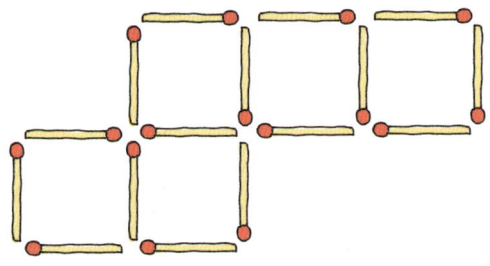

성냥개비 3개를 움직여 정사각형 4개를 만들어 보자.

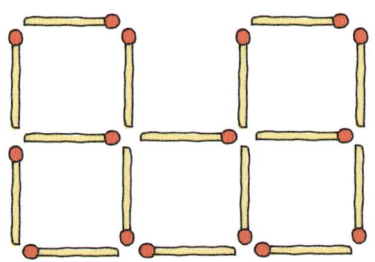

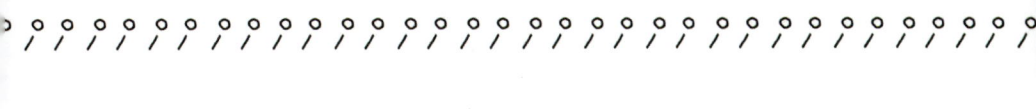

비껴치기

아래의 전개도를 보자.

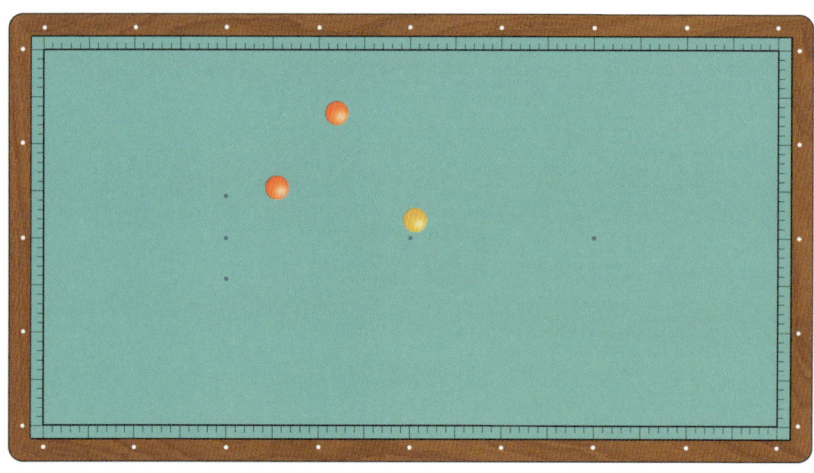

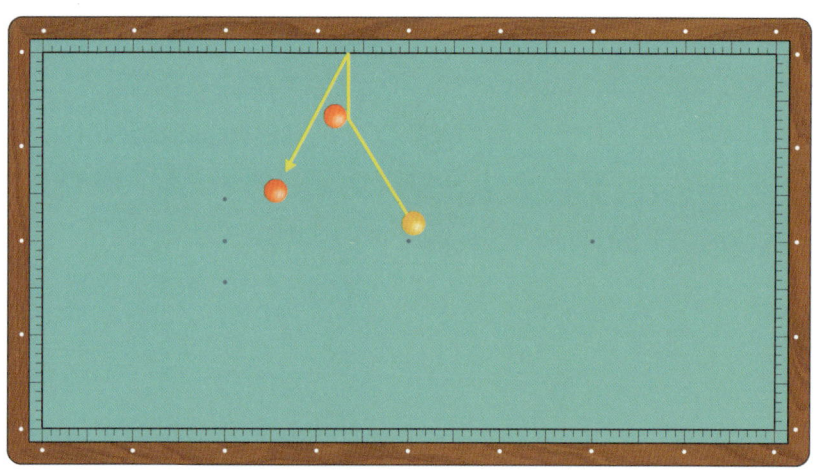

분명 1쿠션으로 공략하였다.
하지만 이전 1쿠션 공략 때와는 느낌이 뭔가 다르다.
이와 같은 공략방법을 "비껴치기" 라고 한다.

흔히 "기레까시, 기리까시"라고도 하는데 이는 잘못된 용어이다.
정확한 일본용어는 기리까에시 (切(き)り返(かえ)し)이며 "되받아치다"라는 뜻을 지닌다.

우리말 "비껴치기"는 "비스듬하게 치다"라는 의미를 가진다. 이를 의미 그대로 풀이하자면 당구의 거의 모든 배치에서의 공략방법은 "비껴치기"가 된다.
이를 구분하는 방법은 큐볼의 첫 번째 분리각에 있다.

"뒤돌리기"나 "안쪽 돌리기"의 등은 큐볼의 첫 번째 분리각이 쿠션을 향해 예각(acute angle)으로 입사하지만

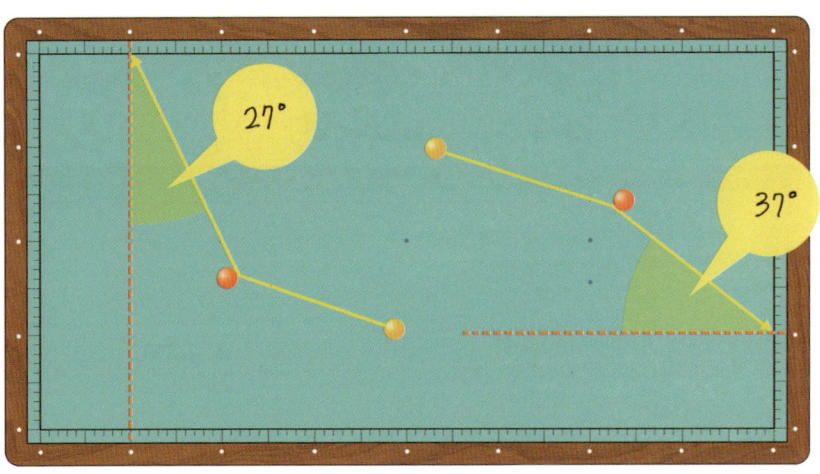

예각(acute angle): 0°보다 크고, 직각(90°)보다 작은 각.

36. 비껴치기

"비껴치기"의 경우 큐볼의 첫 번째 분리각은 직각으로 입사한다.

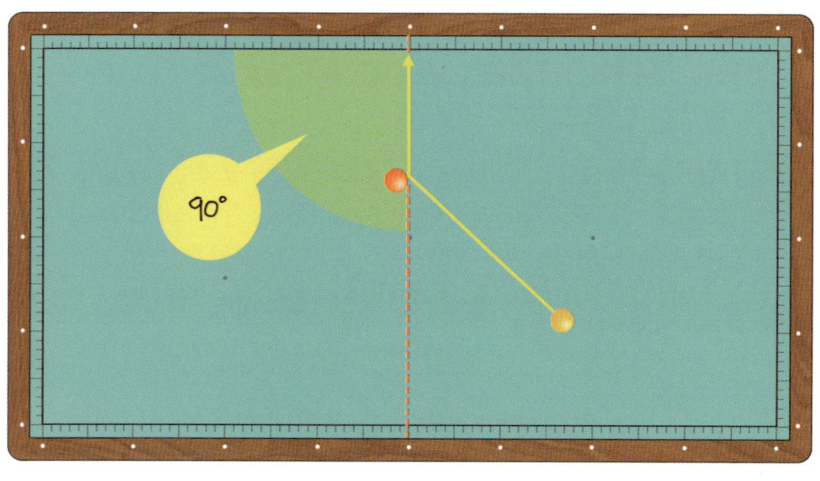

예제 >

"비껴치기"의 가장 큰 특징은 큐볼의 입사방향과 상관없이 쿠션을 향해 언제나 수직으로 입사한다.

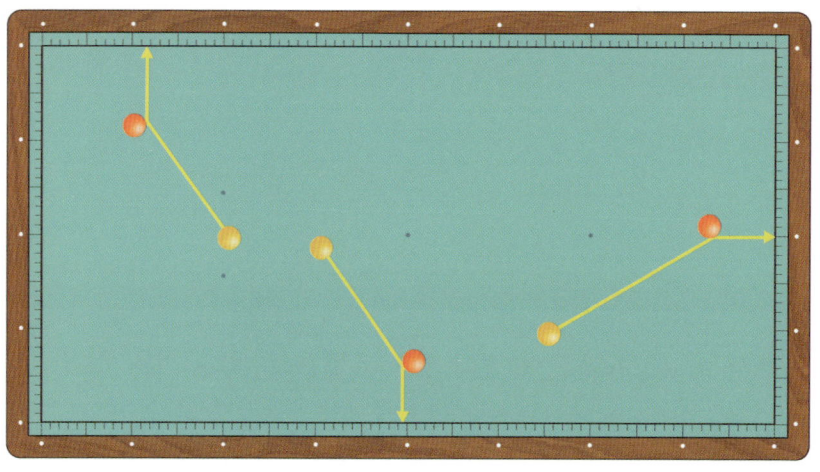

수직으로 입사시키는 이유

무회전 당점의 가장 큰 장점은 입사각과 반사각이 동일하다는 것이다. 그만큼 득점진로를 예상하기도 쉽다.

비껴치기에서 사용되는 당점과
그에 따른 큐볼의 반사각은 다음과 같다.

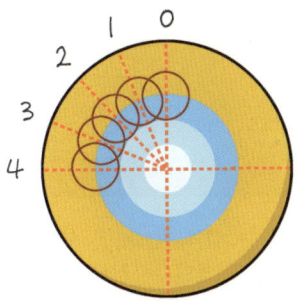

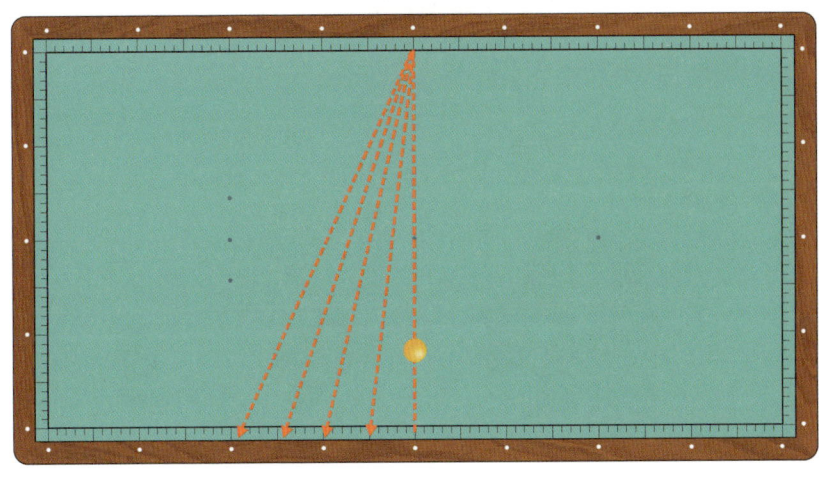

20 15 10 5 0

전개도만 본다면 그렇게 어려워 보이지 않는다. 하지만...

2팁의 회전당점으로 다음과 같이 입사한다면?

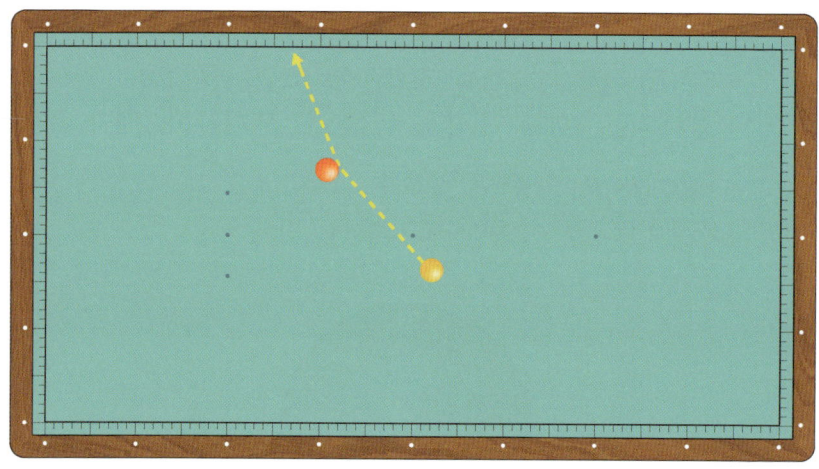

이 순간 반사각 기준표는 아무짝에도 쓸모없는 그림으로 변한다.
왜냐하면 기준표에서의 큐볼은 직각으로 입사하고 있기 때문이다.
회전당점은 팁 설정에 따라 그 반사각이 각기 다르다.
이 사실 하나만으로도 플레이어는 심각해진다.
하물며 입사각까지 직각을 벗어났다면…

직각으로 입사각을 만드는 일은 반사각 찾기의
첫 단추 꿰기인 것이다.

《비껴치기를 위한 기본 잽 샷(Jap Shot) 만들기》

샷의 가장 기본이 되는 요소들은 팔로우 샷(follow shot)이든 잽 샷(Jap Shot)이든 크게 다르지 않다.

브리지의 간격이나 그립 위치 등은 기본 팔로우 샷과 동일하게 위치시켜 준다.

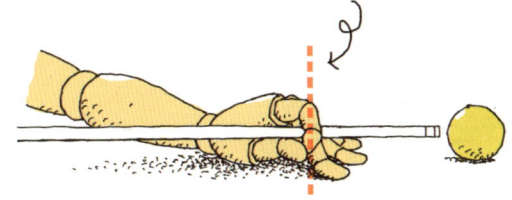

이제 그립에 아주 작은 변화를 줘보자.

큐와 손바닥 사이에 공간을 만들어 준다.

그립

큐

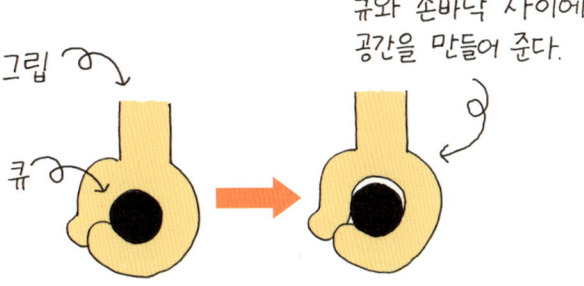

설명을 위한 그림에서는 공간이 넓지만 자연스럽게 손에 힘을 빼주어 그립의 결속력을 풀어 주는 것으로 충분하다. 지나치게 공간이 넓으면 임팩트 순간 샷이 틀어지므로 주의할 것.

《 샷의 진행거리 》

임팩트 시킴과 동시에 샷 동작을 끝낸다.

큐볼을 통과하지 않고 멈춤.

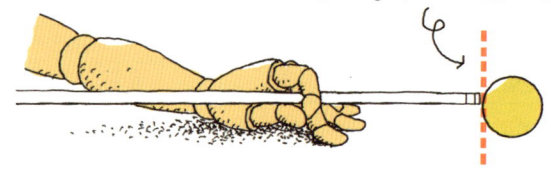

이 부분의 이해는 사실 조금 까다롭다.
잠깐 팔로우 샷 연습 때로 되돌아가 보자.
팔로우 샷이 올바로 구사되었을 때 큐는 제1목적구를
친 후 제2목적구마저 치게 되는데

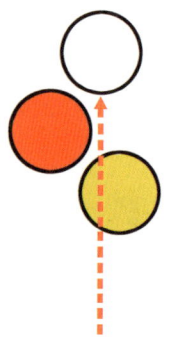

임팩트 순간의 반발력은 큐를 밀어낸다.
만일 플레이어가 임팩트 순간 그립에 어떤 행위도 하지
않는다면 큐는 반발력에 의해 뒤쪽으로 밀려나고 만다.

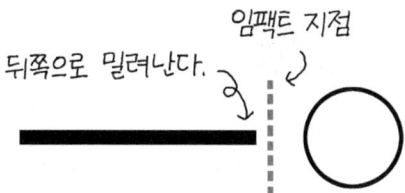

때문에 반발력을 이겨내기 위한 방법으로 플레이어는
임팩트 순간 그립을 살짝 움켜쥐게 되는데 이 작은
동작 하나만으로 샷은 직진력이 증가하게 되어 큐볼의
반발력을 되밀어낼 수 있는 것이다.

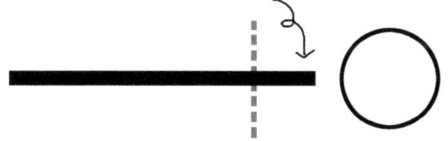

포인트!! 그립의 결속력이 증가하면
샷의 직진력도 그만큼 증가한다.

잽 샷은 그립의 결속력이 아주 작다.

큐와 손바닥 사이에 틈이 있음.

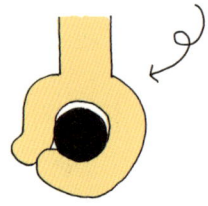

만일 임팩트 순간 그립을 움켜쥐는 행위를 하지 않고 그대로 둔다면?
당연히 큐는 뒤쪽으로 밀려날 것이며 제2목적구를 치는 사태는 절대로 일어나지 않는다.

[포인트!!] 큐와 분리되는 시간이 짧아질수록 큐볼에는 관성에 의한 방향성보다 변화하려는 특성이 더 크게 나타난다.
(자세한 설명은 샷의 특성에서 다룸)

그런데 사실 큐의 멈춤 위치를 확인해 보면 임팩트 지점 뒤쪽이 아닌 앞쪽이다.

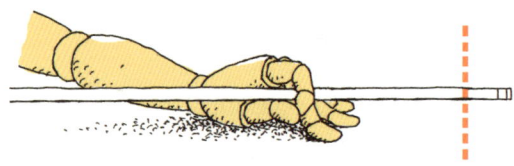

??

혼란은 여기서부터 시작된다.

샷에는 없어서는 안 될 절대적 요소 한 가지가 있다.
그것은 속도이다. 세렝게티의 초원을 달리는 치타의
속도까지는 아니더라도 그녀와의 약속시간을 지킬 만큼의
속도는 가지고 있다는 사실이다.

임팩트 순간의 반발력에 의해 아주 잠깐 밀려나겠지만
속도에 따른 관성은 여전히 샷에 남아있기 때문에
큐는 또 다시 앞쪽으로 진행하게 된다.
하지만 그 진행거리는 생각보다 아주 짧을 것이며
임팩트 순간 그립을 잡는 행위만 하지 않는다면
큐는 스스로 멈출 것이다.

비껴치기 샷을 구사할 때는 샷의 세기에
주의해야 한다.
직진력이 조금이라도 넘치면 쿠션의 강한 반발력에
의해 큐볼이 거의 일직선으로 튕겨져 나온다.
회전력이 작용할 틈이 없기 때문이다.
나름 당점으로 보정도 해 보겠지만 그건 그것대로 또
속을 끓인다.

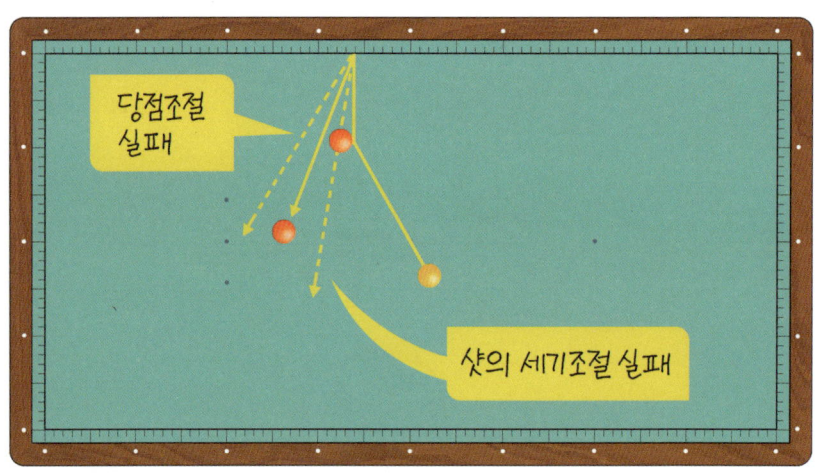

《 비껴치기 연습 기본 배치도 》

만약 당신이 충분한 연습 없이 비껴치기를
시도하려 한다면 비껴치기에 대한 두려움만
더 키우게 될 뿐이다.

다음의 배치도를 충분히 연습하여
　　　　잃어버린 자신감을 되찾자!!

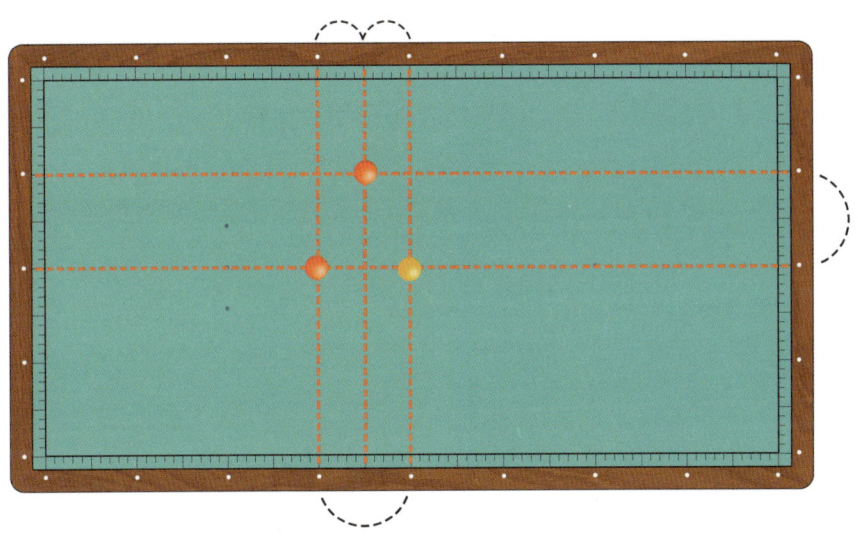

사용당점은 1~3 까지이다.
4의 당점은 완전한 횡회전 당점으로 변화의 폭이
아주 큰 당점이다.

샷의 세기를 완벽하게 컨트롤하기 전까지는 가급적
사용하지 않는 것이 비껴치기의 확률을 높이는
한 방법이다.

제2 목적구를 기본위치에서 공 한 개씩
옆쪽으로 이동시켜 가며 연습한다.

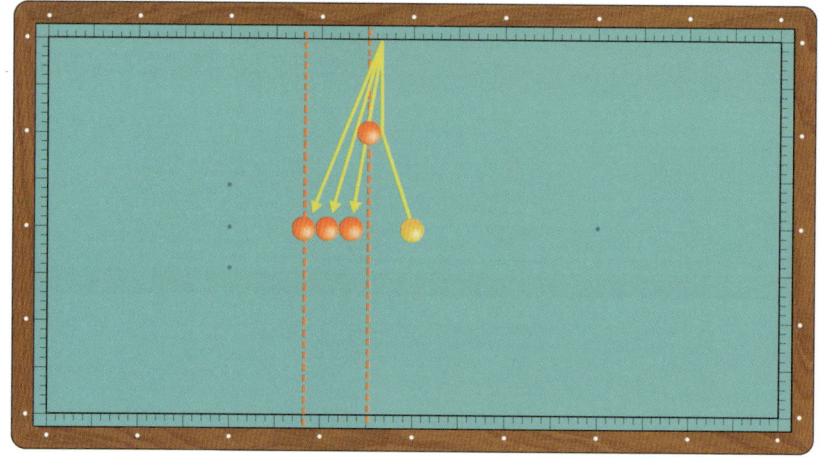

완전히 익숙해지면 제 2목적구를
 장축 아래쪽까지 이동시켜 연습한다.

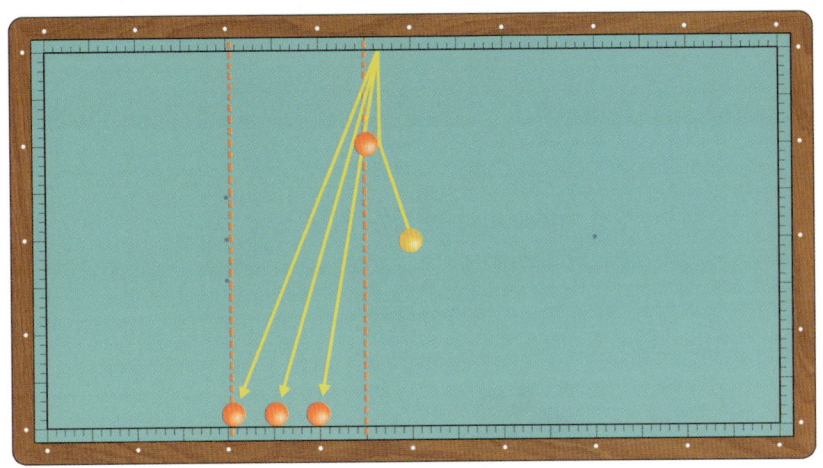

제1목적구가 쿠션에 붙어있다.

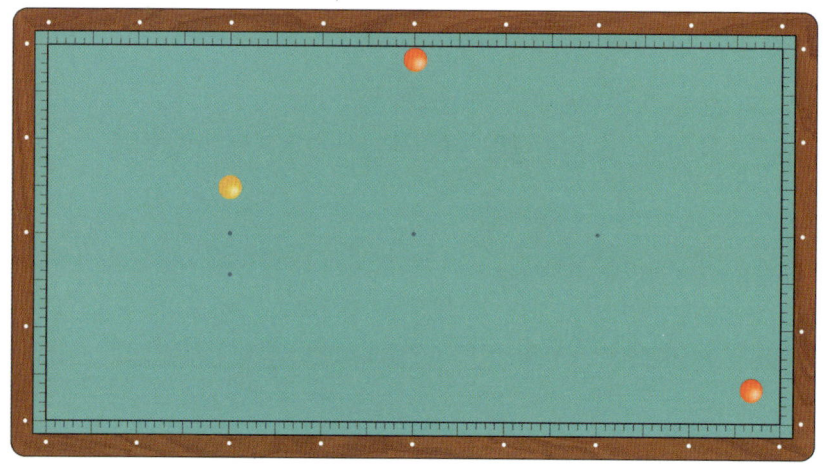

순간 플레이어의 직감은 외친다.

비껴치기!!

철퍼덕 엎드려 망설임 없이
샷을 날리는 누군가.

그런데 이게 웬일!!

큐볼은 누군가의 예상을 무참히 짓밟고 마는데..

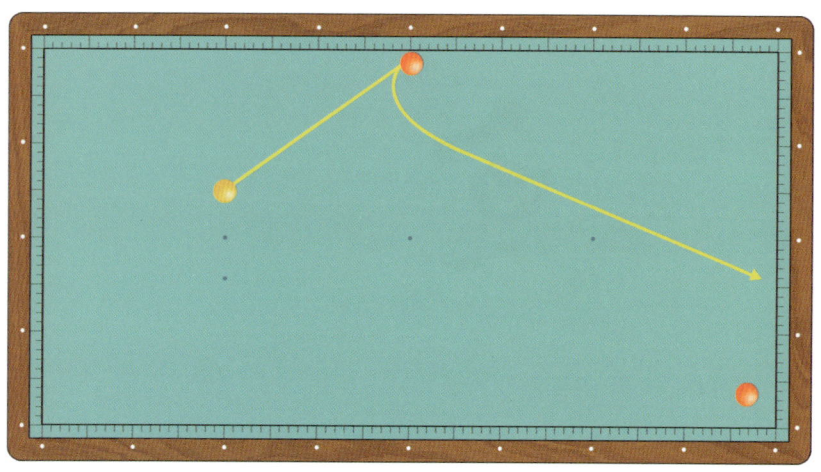

그런 이유로 아라의 당구홀릭은 계속 되어야 한다는 것이죠!!!

아라의 당구홀릭 다음 이야기도
많이 기대해 주세요!!!

To. 아라

dong koong

2013.9.5 강동경

To. 아라

2013.9.7.

최성일
2013. 9. 5
To. 아라

To. 아라

2013. 9. 8
재호

2013. 9. 5
from. 허정환

To. 아라 님.
김리연
좋은책 잘 읽었습니다.
2013. 9. 5.

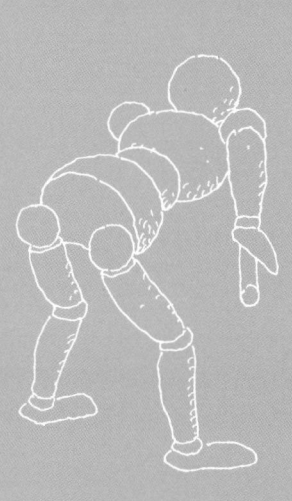